■ 사고의프론티어

젠더/섹슈얼리티

田崎英明

Tazaki Hideaki

Gender/Sexuality

Gender / Sexuality
By Tazaki Hideaki

■ 사고의프론티어

젠더/
섹슈얼리티

田崎英明

Tazaki Hideaki

Gender/
Sexuality

한국문화사

젠더Gender / 섹슈얼리티Sexuality

2006년 5월 30일 초판 1쇄 인쇄
2006년 6월 7일 초판 1쇄 발행

저 자 Tazaki Hideaki
역 자 이은미 · 이주희 · 김필식
펴낸이 김 진 수
편집이 진 정 미

펴낸곳 한국문화사
등록번호 제2-1276호
주 소 133-823 서울시 성동구 성수1가 2동 656-1683
두앤캔하우스 502호
전 화 (대표) 02)464-7708
(편집) 02)3409-4488
(영업) 02)468-4592~4
팩 스 02)499-0846
e-mail hkm77@korea.com
homepage www.hankookmunhwasa.co.kr
가 격 8,000원

ISBN 89-5726-380-2 03330

머리말—삶-정치 쪽으로

미셸 푸코의 『성의 역사』를 어떻게 읽을 것인가 하는 문제는 얼마든지 논의의 여지가 있기는 하지만, 여기서는 섹슈얼리티를 삶-정치의 참조항목으로 보고 그 논점을 푸코에게서 이어받기로 하겠다.

푸코가 말하는 삶-정치가 무엇이냐 하는 문제는 이치노카와 야스타카市野川容孝씨가 정력적으로 논하고 있고 마침 그의 저서가 이 책의 시리즈에도 있으므로 자세한 것은 그 책을 참조했으면 하고, 여기서는 다음의 최소한의 사항만을 짚고 넘어가겠다.

푸코는 『성의 역사 I : 앎의 의지』에서 다음과 같이 지적하고 있다.

> 수천 년 동안 인간은 아리스토텔레스의 눈에 비친 그대로의 존재, 곧 살아 있고 부수적으로 정치적 삶을 영위할 수 있는 동물이어 왔으나, 근대인은 살아 있는 존재로서의 그의 생존 자체가 문제되는 정치 안의 동물이다.[1)]

여기에서는 〈살아있음vivant〉 내지 〈생존 자체être vivant〉와 〈정치적 삶existence politique〉의 관계가 문제가 된다. 그러니까 〈단지 살아 있

1) Michel Foucault, ***HISTOIRE DE LA SEXUALITÉ, Tome 1 La volonté de savoir***, Galliimard, 1976, 『성의 역사』 제1권 「앎의 의지」, 이규현 역, 나남출판, 1997, 155쪽)

다〉는 동물적 차원의 삶과 정치적 차원의 삶의 관계를 논한 것이다. 아리스토텔레스는 인간은 다른 동물처럼 단지 살아있기만 한 존재가 아니고, 그 상태에서 한 걸음 더 나아가(적어도 진정한 의미에서 인간적인 삶을 누릴 수 있는 사람이라면) 정치적으로 살고 있는 존재라고 보았다. 그러니까 정치적인 삶이라든가 정치를 하는 생활이란 엄밀히 말해 동물적인 삶(단지 살아 있기만 하는 삶)과는 구별되는 것이었다. 그런데, 푸코에 따르면 정치가 생명 그 자체를 삶의 중심에 두게 된 것은 18세기 무렵부터라는 것이다.

고대 그리스에서는 시민적 삶(생활이라든가 사는 방식이라는 의미에서의)은 동물적인 삶(인간과 동물에 공통되는 〈살아있다〉는 것, 오늘날로 말하자면 생물학적인 의미에서의 생명)과는 다른 영역을 형성하고 있었다. 동물적인 삶은 정치의 관심사는 아니었다. 시민은 정치라는 공공 영역에서 자신의 〈보다 나은 삶〉을 추구하는 존재임이 분명한데, 그 공공 영역에서의 권리란 〈사는 데 걱정이 없〉는 상태란 의미가 바탕에 깔려 있다. 일정한 재산이 없으면 시민으로 인정받지 못한다. 〈살아있다는 것〉은 전제적 조건이지, 시민이 자신의 보다 나은 삶을 추구하는 영역인 정치에서 문제가 되는 이야기는 아닌 것이다.

군주적 권력만 하더라도 그 권력의 주된 관심은 살인 혹은 수탈에 있었다고 할 수 있을 것이다. 즉 권력은 살아있음 자체에는 개입하는 법이 없고, 그 성과에만 관여한다. 〈살아있다고 하는 것〉의 외부에, 그 성과로서 생겨난 것, 그것은 때로는 생산물이기도 하고, 때로는 범죄(그 극한이 왕의 살해이다)이기도 한데, 그와 같은 것들과 그 효과를 앗아가는 것이 군주적 권력의 작용이라 할 수 있을 것이다.

그러나 이제 권력은 〈살아있다는 것〉의 핵심적인 위치에 둥지를 틀고 있다. 권력은 〈살아있다는 것〉 그 자체에 의해 배양되고, 〈살아있다는 것〉도 권력에 의존하여 스스로를 보존한다. 그것은 권력이 삶의 내면으로 파고들었다는 말일 수도 있지만, 반대로 삶이 그 외면으로 드러났다는 말일 수도 있다.

드러난 삶만을 가지고 사람들은 몇 개인가의 이름을 붙여 왔다. 맑스라면, 그것을(노동과 구별된) 〈노동력〉이라고 했을 것이고, 내셔널리스트라면 그것을 〈국가(혹은 민족nation)〉이라고 했을 것이다. 인종주의자는 〈인종〉이라는 이름을 붙인다. 그리고 〈섹슈얼리티sexuality〉도 그렇게 해서 붙여진 이름 중의 하나이다.

목 차

I 이론적, 마조히즘

-삶의 내재성과 장치를 둘러싼 예비적 고찰-

이론적으로 이야기한다고 하는 것

이 책에서 나는 되도록이면 이론적인 입장을 견지하려 한다. 즉 마조히스틱masochistic한 입장에 서고 싶은 것이다. 그 말을 바꿔서 하면, 이론이란 그 본질이 마조히즘이란 말이다. 그러니까, 이론theoria이라는 말의 어원을 따져보면, 잘은 몰라도 고대 그리스에서는 일종의 사절단을 의미하고 있었던 듯하다. 그 사절단들은 다른 도시에 파견되어 그 도시에서 거행되는 행사를 참관하는 자observer들인데, 이들은 말 그대로 보기만 할 뿐 행사에 참가는 하지 않으며 단지 참관만 하는 사람들이다. 그들은 자기들이 사는 도시에 돌아와서 본 내용을 보고를 하게 된다.

이와 같이 이론이란 보는 것과 이야기하는 것을 접목한 하나의 접속 양식mode이다. 그러니까 증언의 일종이라 해도 될지 모른다. 단지 자신은 행사의 당사자가 아니라 보는 것만 허용이 된 참관인이었다는 것을 증언하는 것인데, 그렇다고 해서 〈본 것만을 그대

2

로 이야기해〉서는 이론이 안 될 것이다. 증언이 그런 것이라면, 도대체 그들의 증언이란 어떤 류(類)의 것일까? 어떤 식으로 말해야 증언이 〈이론〉적인 이야기가 되는 것일까?

멋대로이긴해도 내 방식대로 생각해보면, 그 참관자도 그 행사에 몹시 참가하고 싶어 했지만 참가는 허용되지 않고, 행사 내내 각자의 자리를 이탈하지 말고 그냥 보기만 하라는 지시를 받은 사람들, 그러니까 목격만을 강요당하여 몸부림치는 사람들의 모습이 떠오른다. (물론 내 멋대로 상상한 것이니까 아무런 근거도 없는 것이지만) 이처럼 〈보는 것〉만을 강요당한 사람들이 자기네들 도시에 돌아가면 어떤 식으로 이야기할까?

목격만을 강요받은 사람들은 자기가 이야기할 차례가 되었을 때는 자기도 모르게 손짓 발짓까지 해가며 이야기하고 싶어질 것임에 틀림없다. 그러나 그것은 자기가 본 것을 실제로 연기해 보임으로써 다시 한 번 보이게 하는 것이므로 보여주는 것, 즉 타인이 보도록 하는 것이어서, 순수한 의미에서 말한다면 이야기하는 것이 아니다. 그와 같은 실연實演적(수행적performative)인 이야기는 보이는 것을 보이는 것에, 보는 것을 보는 것에 접속하는 〈보게 하〉는 몸짓이므로, 단순히 〈소멸하는 매개자〉에 지나지 않는다. 그리고 거기에 또 한 사람의 목격자를 낳게 된다. 그 목격자는 또, 누군가에게 자기가 본 것을 이야기 하지 않고는 못 배기게 되는 과정이 반복된다.

증언이란 기본적으로는 아마도 이와 같은 것일 것이다. 증언 시에 발생하는 것은 사건의 되풀이이다. 증언에서는 단 하나의 같은 사건이 회귀한다(혹은 역으로 말하면 사건을 〈하나〉라고 할 수 있는 이유는 다름이 아니라 이 증언이 반복적으로 이루어지기 때문이다). 참된 의미에서 살아지게 된 것, 그러니까 체험은 되지만 경험은 안되는 것은 반복밖에는 다른 도리가 없다.

그런데 여기에서 주의할 것은 반복의 종류를 구분해야 한다는 것이다. 같은 하나의 사건이 반복된다. 그러나 그 이면에서 때로는 다른 반복이 생기는 수가 있다. 그것은 동일화를 내포하는 반복이다(같다는 것과 동일화는 정면으로 대립한다).

동일화를 내포하는 반복에 대하여 지속적인 논의를 한 사람은 프로이트이다. 우선 『쾌락원칙을 넘어서』[2)]는 그와 같은 반복 문제 고찰에 대한 기본문헌이라고 할 수 있다. 동일화는 포지션position에 관계한다. 그리고 포지션이란 그것의 치환 내지 교환 없이는 규정하지 못한다. 그것은 보다/보여지다, 능동/수동과 같은 대립하는 포지션 사이의 교환을 통해서 비로소 정의할 수 있게 된다. 프로이트는 종종 보는 것을 능동(관음증)으로, 보여지는 것을 수동(노출증)으로 나누는데, 그 이분법은 아무래도 석연치 않다. 프로이트는 본다는 것의 수동성을 부인하는데, 그 이유는 자기 이론을 자기의 의지가 아닌 다른 어떤 것이 작용하여 보게 되었다는 경험에서 출발하기보다는, 오히려 그 출발점을 (그의 환자에게서가 아니라) 자기 자신 속에서 이끌어내고자 하는 욕망과 무관하지는 않

---

2) 역주: 한국어역으로는 영문판 ***Beyond the Pleasure Principle***. Rev. ed. Trans. and ed. James Strachey. New York: Liveright, 1961을 번역한 『쾌락 원칙을 넘어서』, 프로이트 전집 14, 박찬부, 열린책들, 1997가 있음.

을 것이다. 『쾌락원칙을 넘어서』에서 프로이트는 이렇게 지적하고 있다. '어린이는 자기가 당한 것을 누군가에게 다시 한다, 어린이는 자기가 당하기만 한 채 그대로 있다는 사실을 견디지 못 한다'라고. 어린이가 느끼는 이 불쾌감은 아마도 프로이트 자신의 것이기도 할 것이므로 여기에서 프로이트는 어린이이다(아니면 어린이와 동일화하고 있다).

이론적으로 이야기한다는 것, 그것은 이와 같은 증언인 것일까? 자신이 받은 고통을 이번에는 타인에게 겪게 하기 위한 실연實演적인 이야기인 것일까, 자신의 수동성을 능동성으로 전환하기 위한(따라서 누군가를 수동적인 위치에 두게 된다) 행위로서의 이야기인 것일까? 확실히 프로이트의 이야기는 종종 그와 같은 것이다. 프로이트 자신의 수동성을 능동성으로 전환하는 식의 이야기이다.

나로서는 이와 같은 형태에서의 수동성이 능동성으로 바뀌는 것, 보다 정확하게 말한다면 자신의 수동성을 부인함으로써 능동성에 이르는 방식을 사디즘sadism이라고 하고 싶다. 『쾌락원칙을 넘어서』의 이야기는 전편全篇을 통해 이와 같은 사디즘의 유혹이 떠나지 않고 따라다니는 것으로 생각된다. 이야기하는 것이 주체의 능동성으로 느껴지는 것이다. 그런데, 이야기한다는 것은 그 같은 능동성에만 한정되는 것일까?

시선의 교환

예를 들면 들뢰지안Deleuzian인 스티븐 샤비로는 『시네마적 신체』[3]에서 요즈음 영어권 영화이론(페미니즘적인 이론도 포함해서)을 석권하고 있는 정신분석을 비판하고 있는데, 거기에서 핵심이 되는 것은 사디즘과 마조히즘의 구별이다. 페미니즘 영화이론의 고전이라고도 할 만한 로라 말뷔의 「시각적 쾌락과 이야기 영화」[4]를 생각해보자. 거기에서는 이야기성과 사디즘이 긴밀하게 맺어져 있다. 〈사디즘은 이야기를 요구한다. [즉, 사디즘은] 뭔가를 생겨나게 하는 것이고, 타인의 내부에 어떤 변화를, 의지와 힘의 싸움, 승리/패배를 일으키는 일에 의존하고 있는 것이며, 이들은 모두 시작과 종말을 갖는 선형線形적 시간 속에서 일어난다.〉(앞의 책 135쪽) 아리스토텔레스의 『시학』에서 〈줄거리 (플롯, 뮤토스)〉의 정의定義, 〈시작, 중간, 종말을 갖는 것〉이 여기에 재현되어 있다는 것을 알아차리기란 쉬운 일이다. 물론 사디즘이 모두 이야기적이라고 해서 모든 이야기가 다 사디스틱하다고는 하지 못하지만, 타인의 내부에서 변화를 일으킬 수 있다고 하는 자기 자신의 에이전시(작용인이 될 만한 것)에 대한 향수가 다름 아닌 사디즘이라고 했을 때, 이야기론(論)이라는 작용자actant에의 동일화를 통해서 쾌락을 이끌어내는 것은 모두 사디즘으로 이해할 수

---

3) Steven Shaviro, The Cinematic Body(**Theory Out of Bounds**), University of Minnesota Press(June 1, 1993).

4) 이와모토/다케다/사이토(岩本憲児, 武田潔, 齊藤綾子)편 『「新」映畫理論集成(신영화이론 집성)』1 (歷史/人種/ジェンダー [역사/인종/젠더]), 도쿄 : 필름아트東京 : フィルムアート社, 1998. 2에 실려 있음

있게 된다. 그러므로 거기에서 도출되는 당연한 귀결은 쾌락을 부정하는 것이다. 실제로 말뷔가 쓴 이 논문 속의 한 단락段落에는 〈급진적인 무기로서의 쾌락에 대한 부정〉이라는 제목이 붙어 있다.

말뷔가 논의한 것의 줄거리는 다음과 같다. 이야기가 제시하는 쾌락에 빠져서는 안 된다, 쾌락은 올가미이다, 쾌락에 사로잡혀서는 안 된다, 사로잡히게 되면 사람은 이야기의 내부에 갇혀 자유를 잃는다. 이야기와 그 쾌락의 양쪽에서 거리를 취하는 것, 이 거리야말로 비판과 혹은 비판의 자유를 가능케 한다. 그리고 그 같은 거리를 우리들에게 약속해주는 것이 정신분석이라는 이론이다, 라는 식이다. 그 결과 메인스트림(주류)인 이야기적 영화는 비판을 받고, 비이야기적인 실험영화나 전위적인 영화는 칭찬을 받는 비판적인 영화이론의 어떤 경향이 생겨나게 된다. (물론 메인스트림을 비판하는 이론가들도 그러한 영화를 보기 때문에 비판하는 것인데, 그들은 거역하기 어려우리만치 헐리웃 영화에 매료되어 있다. 그리고 많은 비평가들은 이런 사실을 솔직하게 인정한다.)

샤비로가 비판하는 것은 바로 이 점이다. 왜 이론가들은 쾌락을 두려워하는가. 이론적이면서도 비판적이려면 스스로의 쾌락을 부정해야한다고 생각하는 것일까. 그러나 기억을 더듬어 가보면, 사드의 소설 속에 등장하는 인물들이 이상理想으로 삼았던 것은 일종의 무감동 상태apathy 즉, 파토스의 부재이므로, 쾌감의 부정이 처음부터 사드가 추구하는 바가 아니었을까? 그렇다면 이야기적인 영화의 사디즘을 비판하는 이론적인 이야기 그 자체가 일종의 사디즘에 빠져있는 것은 아닐까? 그와 같은 쾌락 비판은 사디즘에 대한 사디스틱한 비판이며, 단지 한 단계 높은 레벨에서 사디즘을 반복하는 것에 지나지 않는 것은 아닐까? 이래 가지고 정말로 사디즘을 비판할 수나 있을 것인가? 그러한 의구심을 쉬비로는 떨치지 못한다.

어쩌면 쾌감에 빠진다거나나 욕망대로 행동하는 것 따위는 사드의 등장인물들이 가장 혐오하는 것일지도 모른다. 사드의 이상理想 세계에서는 섹스나 범죄는 욕망에 떠밀려 이루어지는 것이 아니라 오히려 제도화되어야만 하는 것이다. 자신의 욕망에 반反하여 (더욱이 자신의 욕망을 거역하는 방식으로) 섹스하거나 아무런 감정에도 동요하지 않고 살인을 저지르는 것이야말로 통제적 이념으로서의 자연(능산적, 능동적이면서도 순수한 아나키anarchy이다)에 따르는 것이 된다. 사드의 등장인물들이 견디지 못하는 것은 자신이 어떤 식으로든 작용을 받았다고 하는 사실이다. 순수(실천) 이성이야말로 수동적(파토스적, 파트로기쉬)이어서는 안 된다. 사드가 주창하는 것은 누구하고나 섹스해도 좋다든지 사람을 죽여도 좋다는 식의 허가가 아니다. 그렇게 간단한 문제가 아니다. 그것은 〈누구하고나 섹스를 해라〉라는 식의 정언명법이며 보편적인 법으로서, 부정성(파괴)을 제정하려는 시도이다. 칸트에게 있어서 동정同情 따위의 감정에 따라 하게 된 행위는 어떠한 귀결을 낳든지 간에 부도덕하다. 마찬가지로 사드에게 있어서도 감정에 떠밀려서 행하는 섹스나 범죄는 부도덕한 것이다. 일체의 감정(수동성)을 부정하고 법 그 자체(〈모든 것을 파괴하라〉라는 정언명법)와 동일화하는 것만이 사드의 도덕(에티카?)을 형성한다.

〈그러나〉라는 반론이 있을지도 모른다. 〈그러나 말뷔는 그처럼 단순한 사항을 이야기하는 것이 아니다〉라고. 분명히 말뷔가 문제시하는 것은 영화 내의 등장인물들을 지배하는 이야기의 내적 논리, 그리고 영화와 관객 사이의 이야기 외적 관계가 이야기를 둘러싼 관객의 욕망을 통하여 조응하는 과정process이다. 즉, 메인스트림 영화에서는 이야기의 내적가 논리가 전개되는 핵심 부분에 시선의 배분(보고/보여지는 관계에 따른 포지션의 배분) 문제가 놓이는데, 말뷔는 보는 포지션에 능동성, 주체성과 남성성이 할당되고, 보여지는 포지션에 수동성, 객체성(대상성)과 여성성이 할당된다고 보았다. 그리고 관객의 시선이 이야기 내의 시선에 동화되었을 때(역으로 말하면 카메라의 시선 그 자체의 존재는 불不가시화된다)만 이야기의 〈사실다움〉이 생겨난다.

거기에는 이른 바 〈사실다움〉을 생산하는 관객 측의 이와 같은 무의식적 노동이라고도 할 수 있는 요소가 있는데, 그 과정을 해명하기 위하여 말뷔는 정신분석에 의존했다고 할 수 있을 것이다. 이 과정을 통하여 남성 등장인물에 의해 이야기 내적으로 욕망의 대상이 되는 여성의 캐릭터는 스크린 상에서 여배우의 신체영상을 매개로 하여 직접 관객의 욕망의 대상으로서도 제시되게 된다. 여기에서 말뷔는 정신분석적인 페티시즘fetishism에 대한 문제를 제기하여, 시선에 관한 포지션과 능동/수동 및 젠더에 관하여 포지션이 겹쳐지는 부분을 설명한다. 정신분석에서 페티시즘은 거세공포에 대한 방위防衛로 이해된다. 남자아이는 여성에게 페니스가 없다는 사실을 어느 시점에선가 알게 되며 혹시 자신도 거세되는 것이 아닌가 하는 공포를 품게 된다. 그 공포로부터 자신을 보호하기 위해 보았던 것을 부인한다. 여성이 페니스를 갖지 않았다는 사실은 분명히 알고 있다. 그러나 〈그럼에도 불구하고……〉라는 형태로 본 것과 신념(여성에게도 페니스는 있다는 사실)을 양립시킨다. 그러니까 페티슈는 여성에게 부재하는 페니스를 대리하여, 남성주체를 안심시키는 것이다.

말뷔의 논의에서는 페티시즘의 논리가 이와 같이 시각적인 것과 젠더를 연결한다. 영화에서는 여체女體의 이미지가 남성관객에 대하여 거세를 암시함과 동시에 페티슈 즉 페니스의 대리물로서도 기능을 하는데, 그 결과 남성관객은 거세공포로부터 자신을 보호할 수 있다. 여체의 일부가 클로즈업되는 것은 이 같은 페티슈화 조작의 전형이라고 본다. 페티시즘은 관객과 스크린상의 이미지를 연결하는 논리이기도 할 것이다. 나는 이것이 스크린에 투영된 이미지에 불과하다는 것을 안다. 그럼에도 불구하고 거기에 실제로 인간이 살아있다고 믿는다. 본 그대로를 믿기보다도 자신의 신념을 더 믿고 유지하려 하는 이유는 거기에 욕망이 있기 때문이다. 자기 자신의 존재에 각인된 어떤 결여된 부분이 메워질 듯한 상상 속의 장소를 거기에서 발견하기 때문이다.

그런데 정신분석적인 설명이 아무리 애를 써도 결국 해소하지 못하여 끌어안게 되고 마는 이와 같은 〈결여〉의 존재를 들뢰즈나, 가타리는 비판한 것이었다. 스크린의 이 쪽에 앉아 있는 우리들 관객에게는 결여되어 있으나, 스크린 상의 등장인물들은 각자 뭔가를 소유하고 있는데 그것이 바로 우리들과 영화를 맺어주는 것이라고 정신분석적인 이론은 말한다. 사디즘이 이야기적이며, 이야기의 쾌락이 불가피하게도 사디스틱하다는 말은 이야기 바깥의 존재 즉 독자나 관객의 쾌락이 전적으로 이야기 내의 에이전시(뭔가 변화를 일으키는 존재)와 동일화하는 것에 달려있다는 사실을 암묵적으로 전제한다.

그런데, 이 동일화는 말뷔의 논의가 전형적으로 그렇듯이, 시선과 시선 사이에서 일어나는 동일화이다. 어떤 시선(관객의)이 다른 시선(등장인물의)과 서로 겹쳐지고, 그것을 통하여 관객은 등장인물(의 신체)과 동일화할 수 있다. 그러나 이때 등장인물과 하나가 되어 그 신체에 기생하여 둥지를 틀 때까지, 관객의 신체는 어디에 있으며, 어떻게 하고 있는 것일까?

샤비로가 『시네마적 신체』에서 문제시하는 것은 영화에서 생기는 시선의 교환과는 다른 관계이다. 신체가 이미지에 접촉되어 촉발되는 경험이 문제가 된다. 영화가 밝혀주는 것은 〈보는 것〉만으로는 해결이 다 안 되는 이미지가 갖는 〈접촉〉(그러나 잡지 못하는)의 차원이다.

장치와 주체

여기에서 중요해지는 것은 영화를 장치(알튀세가 〈국가의 이데올로기 장치〉라고 했을 때의 〈장치〉라는 의미에서)로 보는 시점이다. 영화를 장치로 분석하는 일 자체는 상당히 이전부터 이미 있었다.[5] 70년대 프랑스에서 전개된 이들의 논의에는 정신분석, 특히 자크 라캉이론의 영향이 강한데 거기에는 그와 같이 정신분석적인 이론으로는 다 환원되지 못하는 요소가 있을 것이다. 내가 상정하는 장치라는 것의 이미지는 구체적인 카메라나, 영사기 혹은 영화관 같은 구체적인 물건이 아니라, 어느 정도 추상적인 개념이다. 그러나 그것을 장치라고 부를 때는 그러한 것의 물질성과 그것이 내포하는 공간성이 함의되어 있어야 한다. 공간성이 문제가 되는 이유는 거기에서 신체가 포착되는 메카니즘 내지 과정을 생각하기 때문이다.

어떤 신체 혹은 어떤 삶生의 과정이 특정한 장치로 포착된다는 것은 어떠한 사태일까? 정신분석적인 주체의 이론에서는 주체가 어떤 장치(가부장제나 자본주의, 또는 가족, 국가, 국민(혹은 민족 nation) 혹은 언어 혹은……)로 포착되는 것은 앞에서도 이야기 했듯이 주체의 결여를 통해서라고 한다. 그리고 종종 그 결여는 페니스의 유무라는 선을 따라 분절화分節化된다. 다시 말해 인간이 어떤 장치에 편입되어 거기에 귀속되는 문제는 페니스가 있는지 없는지, 기본적으로는 시각적으로 확인되는 차이로서의 성차性差를 통해서이다. 정신분석적으로 보면 장치의 근본적인 작용은 시각적, 이미지적 차이(이 차이 자체는 결여가 아니다. 왜냐하면 여성의 가랑이 내지는 성기도 이미지로서는 존재이지 무는 아니며 거기에는

5) 특히 프랑스의 영화이론에서 [『新映畵理論集成(신영화 이론 집성) 2 知覺・表象・讀解(지각/표상/독해)』フィルム・アート社(필름아트사)(1999)에 실린 제 논고 특히, 코모리나 보드리, 오몬의 것을 참조]

아무것도 결여되어있지 않기 때문이다)를 비非이미지적인 차이(상징적이라고 해둘까)로 변환하는 것이다. 남성성기와 여성성기 사이의 이미지적 차이가 여성성기에는 남성성기가 결여되어 있는 것으로 번역되는 것이다. 마치 숫자 0이 단순한 부재가 아니라 부재를 의미하는 기호인 것처럼, 여러 이미지가 부재의 기호로 동원될 때 사람은 주체로서 상징적인 질서에 편입된 것이라고 정신분석은 주장할 것이다.

〈보는 것〉을 통하여 인간은 장치에 걸려든다는 말일까? 그런데 이걸로는 젠더의 규정으로서도 너무나 불충분하다. 젠더는 아마 단 하나의 선분만으로는 규정하지 못한다. 젠더는 단 하나만의 장치도 아닐 뿐더러, 신체가 여러 장치에 귀속되는 일정한 방식도 아니다. 젠더는 확실히 신체가 장치로 귀속되는 일에 관여하고 있기는 하지만, 무엇에 관하여 젠더가 규정되는가는 각 장치별로 따로따로 보아가야 할 것이다. 어떤 장치에서는 젠더는 욕망에 관하여 규정되어있는지도 모른다. 그런데 다른 장치는 출산에 관하여 규정하고, 또 다른 장치는 젠더를 규정하는 선분이 육아이며 어떤 경우에는 임금노동이라는 식으로 말이다.

그 선분은 반드시 신체적인 페니스의 유무라는 선분과는 일치하지 않을 수도 있다. 예를 들면 십자가의 요한이 〈영혼의 찬가〉에서 〈어디에 숨어 계셨어요./사랑스러운 분/한탄의 늪에 나를 빠트린 채/사슴처럼 당신은/흔적도 없이 사라져 영영 돌아오지 않습니다./내 마음에 상처를 남기고……〉라고 노래할 때는 그분의 젠더는 도대체 무엇일까? 십자가의 요한에게서 우리들 인간의 영혼은 신에게 기도할 때는 모두 신부新婦라고 하는 포지션을 취한다. 이것도 또한 (16세기 스페인의 크리스트교 교회의 정책politics 속에서) 젠더를 규정하는 선분은 아닐까. 즉, 그것은 개개의 신체를 신神의 신부新婦로 부르도록 부추기는 것이다.

지금 〈부추긴다〉라 말을 썼는데, 장치라고 했을 때에 중요한 것은 그 장치가 무엇인가를 촉발한다고 하는 사실이다. 장치는 신체에 영향력을 행사한다. 신체를 촉발한다. 신체가 장치에 귀속될 때는 신체가 갖추고 있는 〈촉발될 수 있는〉 능력이 있을 때이다.

삶의 근원적인 수동성

신체가 가지는 촉발될 수 있는 능력. 그러고 보니 니체는 힘에의 의지를 파토스로 규정하지 않았던가. 그리고 사드가 궁극적으로 능동적인 자연이라는 이념을 가지고 부인하는 것은 이 파토스이다. 이와 같은 사드의 태도는 칸트가 말하는 인격의 개념이 시발점이 될 수밖에 없다는 사실을 상기시킨다. 칸트가 말하는 인격이란 뭔가를 당한다는 것이 불가능한, 순수한 능동성이다. 수동성을 능동성으로 전환하는 것조차 불가능할 정도이다. 그리고 칸트든 사드든 그와 같은 비非수동성 혹은 무감동은 일반성(대입이나 치환의 가능성)과 밀접하게 연결되어 있다.

그런데 장치와 인간의 관계는 우선 인간의 수동성에서 비롯된다. 인간이 장치를 선택하는 것은 아니다. 인간에 의한 선택choice이 아니라 장치에 의한 선별selection인 것이다. 우리는 자신의 존재와의 관련을 우선은 〈하필이면〉[6]이라는 중얼거림과 함께 시작할 수밖에 없다. 〈다른 하고 많은 날 중에서 왜 하필이면 이렇게 바쁜 지금 전차가 멈춘단 말인가〉, 〈다른 하고 많은 사람 중에서 왜 하필이면 나인가〉라고. 행이든 불행이든 왜 다른 사람이 아니고 나란 말인가. 이 중얼거림은 장치와 인간의 경계선상에서 생겨난다. 이렇게 하여 우리는 자신의 개체성과 마주치게 된다. 촉발하는 쪽에서 보면 개개의 신체 따위는 어느 것이나 교체가 가능하다. 그런 의미에서는 임의적이다. 그것은 〈삼각형적인 것〉에 대하여 논할 때에 〈임의의 삼각형〉을 예로 드는 것과 같은 이치이다. 그런데 그 신체, 즉 촉발되는 존재 쪽에서 보면 이야기는 전혀 다르다.

어쩌면 여기에는 삶의 내재성이라고도 해야 할 사태가 얽혀 있는지도 모른다. 신체가 갖는 촉발이 가능한 능력은 삶의 근원적인 수동성의 문제인 것이다. 근원적인 수동성이라고 할 때 우리가 생각하고 있는 것은 능동/수동이라는 대립 짝보다도 깊은 수동성이다. 능동/수동이라는 관계 그 자체를 가능케 하는, 그러한 수동성이다. 그것은 어쩌면 〈중성적neutral〉(블랑쇼)라고 부르는 것이 좋을지도 모른다. 혹은 능동태와도 수동태와도 구별되는 중동태middle voice를 생각해야 될 지도 모른다. 그러니까 근대 유럽 제어諸語로 말하면 동사의 재귀형(프랑스어에서는 se 및 그 변화형이 동사 앞에 붙는다.)으로 표현되는 태voice이다. 재귀동사, 특히 단수의 경우는 수

---

6) 역주 : 원문은 <選(よ)りによって>로서 <달리 고르는 방법이 있을 텐데 하필이면…>하는 뜻을 나타낸다.

동적으로 〈~되다〉로 번역해야 의미가 통하는 경우가 많다(고 초급 학습자는 배웠을 것이다).

삶의 근원적인 수동성 그리고 내재성은 이른바 se vivre(〈살아지다〉라고 번역해 두어야 할까?)라는 형태로 표현할 수 있을 것이다. vivre(살다)의 재귀형 se vivre는 자주 사용하는 불한사전에는 실려 있지 않고 프랑스어가 모국어인 사람이 참조하는 표준적인 사전인 프티 로베르에도 실려 있지 않다. 그러니까 이런 형태는 존재하지 않는다는 말인데, 그런 것은 아무래도 좋다. 지금 여기에서 생각하고자 하는 것은 삶이라는 말이 내포하는 〈살아지다〉, 〈스스로를 살다〉, 〈스스로를 양육한다〉 같은 뉘앙스가 가지는 모멘트moment이다. 그와 같은 모멘트를 삶의 근본에 두고 싶은 것이다.

산다는 것은 스스로를 그리고 스스로에 의해 사는 것이다. 삶은 자기증여인 것일까. 그렇다고 해도 좋을지 모른다. 단지 자기가 자기 자신에게 증여贈與한다고 하기보다도 훨씬 자기다운 것의 증여라는 의미에서 그렇게 말할 수 있을 것이다. 그런데 누가 누구에게 주는가가 분명치 않은 증여로 이해되는 한도 내에서의 증여인 것이다. 그것은 삶의 과잉이라고 해도 좋을 것이다. 삶은 그것이 비록 공복과 피로의 극한으로 죽어 가는 순간이라 해도, 그 근원적인 차원에서는 아무것도 결여된 것이 없다고 해야 한다. 산다는 것에서 가장 근본이 되는 것은, 삶이란 스스로를 누리고, 스스로를 양육한다고 하는 점이다. 바꾸어 말하면 〈자기〉란 삶이 탐내는 대상인 것이다.

우리는 삶을 몇 층위랄까 혹은 국면이랄까, 아무튼 그러한 것으로 구분할 수 있다. 그 가장 기본이 되는 점은 영양적(식물적) 삶이 있고, 그것을 바탕으로 동물적인 삶이 가능해지며 더 나아가서는 그러한 것들과 구별되는 삶을 생각할 수 있다. (그것이 실천적인 시민의 삶인지 아니면 생각하는 것을 중심으로 하는 이론적인 삶인지는 아직 모르겠지만), 아리스토텔레스의 『영혼론』에서는 영양적 영혼의 특징은 영양을 섭취하고 성장하며 증식하는 것이며, 그런 점에서 촉각을 가지고 쾌와 불쾌를 느낄 수 있는데, 그 때문에 불쾌를 피하고 쾌를 추구하려는 욕망을 가진 동물적 영혼과 구별된다.

조르지오 아감벤은 들뢰즈가 말하는 삶의 개념을 검토한 논문(〈절대적 내재성〉)에서 아리스토텔레스의 영양적 영혼의 개념에서 중요한 것은 성장이나 생식이 아니라, 개체 유지 혹은 자기 유지와 관련이 있다는 점이라고 지적하고 있다. 동물적인 삶이 외부와의 관계에서 규정되는 것이라면, 〈영양적 삶〉은 내부와의 관계에서 규정되는 삶이다. 보다 정확하게 말한다면 영양적 삶은 단적으로 내부밖에 모른다.

식물이라고 하더라도 분명히 외계로부터 물이나 양분을 흡수하고 빛을 받아 성장한다. 이런 의미에서 본다면 외부를 갖지 않는 생명은 없다. 그러나 생물은 살아 있는 한 자기 자신을 양식으로 하고 있다는 구석이 있는 게 아닐까? 산다고 하는 것은 외계로부터 영양을 섭취하기에 앞서 우선 자기 자신을 욕망하는 것은 아닐까? 확실히 생물은 자기를 만들어내고 자기를 의지한다. 그런데 그것은 〈자기〉를 식량으로 하여 〈자기〉 스스로를 기른다는 말이 아닐까?

산다고 하는 것, 그것은 자기를 향유한다는 것이다. 예를 들면 강제수용소에서 불합리한 명령과 영양 결핍으로 고통을 겪고 언제 찾아와도 이상하지 않을 죽음의 그림자에 위협받으면서도 그날 하루의 강제노동이 끝나면 완전히 지쳐 잠에 빠져들고 마는 상황이라면 삶은 외부를 모르고 단지 자기 자신만을 향유하고 있다고 할 수 있을 것이다.

쾌락pleasure이란 외계의 대상과의 관계 속에서 감지되는 것이며 촉각의 존재와 분리할 수 없는 동물적 삶에 속한다. 그에 비하여 향유enjoyment란 보다 근원적 면에서 동물적 삶이라기보다도 영양적 삶을 사는 것이다. 생물은 모두 자기를 향유하고 있다. 자기 자신을 살고 있다. 거기에는 외부란 없으며 따라서 타자도 없다. 산다는 것은 자기도취적인narcissistic 것이다. 바로 그 점이 〈자기〉와 〈자아〉의 차이이다.

〈자기self〉와 〈자아(나)I, me〉를 혼동하지 않도록 하자. 〈자아〉는 기본적으로 외계에 대하여 작용할 때의 좌표계의 원점 같은 것으로 거기에서 세계에 대한 전망perspective이 열리는 제로 지점이다. 그것은 또한 다른 〈자아〉인 〈당신〉과도 항상 관계가 있다. 외부와 가지는 비자아(타아)의 관계는 〈자아〉를 구성하는 요소이다. 〈자아〉는 항상 또는 이미 자기 자신(〈자기〉)의 외부로 추방되어, 그것이 외재하는 양태는 언어의 수행성으로 표명된다. 이에 비하여 〈자기〉를 표현하는 것은 언어의 수행성이 완전히 고갈되어버리는 그 순간이다.

자기란 이와 같은 삶의 순수한 내재성이다. 삶의 개체성은 그것이 자기인 한 외부를 모르며 타자를 모른다. 향유야말로 삶이 개체화하는 원리이다. 그리고 삶의 자기증여, 자기향유에서 시간성이 고려된다는 것은 성장한다는 것이며 피로疲勞해지는 것이고, 더 나아가서 보다 근원적으로는 늙는 것이라고 할 수 있을 것이다. 삶은 원리적으로 노화老化에 대해서는 속수무책이다. 죽을 위험이 있다면(보다 먹이가 풍부한 곳으로 이동하든가 적으로부터 도망가든가 하여) 운동능력을 활용해 어떻게든 회피할 가능성이 없는 것은 아니다. 그런데 노화는 살아있는 한 회피할 방법이 없다. 동물적인 삶을 구성하는 외부/내부라는 구별에 의해 가능해지는 능동/수동의 구별보다도 더 깊은 곳에서 삶은 자기를 받아들여 그것을 향유하고, 〈노화〉에 마음껏 휘둘린다. 삶의 내재성이란 〈늙는다〉는 차원에 있어서 〈외부〉와는 다른 〈바깥〉에 노출되어있다고도 할 수 있다. 이것이 삶의 내재성에 있어서, 혹은 삶의 내재성이라는 근원적인 수동성이다.

비기관적 삶과 가시성의 유혹

삶은 동물적인 차원에서 생각하면 외부에서 작용을 받아(감각기관을 통하여), 다시 외부에 작용을 가한다(운동기관을 통하여). 그리고 더 나아가서는 외계로부터 뭔가를 섭취하기까지 한다(소화기관을 통하여). 즉, 동물적인 삶의 차원은 더 복잡한 구조를 가진 생물일수록 기관organ으로 구성되어 있다. 쾌/불쾌를 감지하는 것도 기관이며 쾌를 추구하고 반대로 불쾌를 피하려는 행동을 하는 것도 기관을 통해서이다. 그 말을 역으로 하면 동물적인 삶 이외의 삶은 기관 없는 삶이라는 것이다. 영양적 삶도 그러하며 또한 이론적 삶도 그러하다.

이와 같은 논점에서 정신분석의 논의를 다시 검토해보자. 정신분석은 동물적/기관적 삶과 비기관적 삶의 관계를 문제시해 왔다. 히스테리의 치료에서 결정적으로 중요한 것은 이 질환이 기관의 변성에 기인하는가 그렇지 않으면 비非기관적인 것인가 하는 것을 밝혀내는 것이었다. 히스테리(의 환자라는 주체)는 기질성 질환organic disease의 모습을 띤다. 마치 기관에 뭔가 이상이 있는 듯한 증상을 보이는 것이다(감각의 마비나 운동능력의 상실 등). 히스테리적 신체는 기관적인 신체에 대한 일종의 미메시스인데, 단지 기관을 그 기능부전의 차원에서 모방하는 식의 미메시스이며, 또 그와 같은 형태로 존재한다.

이 비기관적인 신체(몸) 혹은 삶의 비기관적인 전개의 존재를 발견했다는 것이 프로이트의 위대한 공적이다. 프로이트가 그 이후에 이룩한 것은 오로지 이 비기관적인 신체(그는 〈무의식〉이라는 이름을 붙였다)에 고유의 실재성을 이론화하는 것이었으며, 우리들에게 직접적으로는 관찰 불가능한 이 신체가 〈존재한다〉는 것은 어떠한 의미를 가지는가를 밝히는 데 바쳤다고 해도 좋을 것이다.

이 비기관적인 신체를 일종의 살려진生 신체라고 불러도 좋겠지만, 그 때에는 현상학적인 신체론과의 차이를 놓치지 않도록 해야 한다. 현상학적인 신체론에서는 살려진 신체, 고유한 신체는 키네스테제(키네시스＝운동＋아이시테시스＝감각, 자기 고유의 신체 운동 감각)를 기본으로 하는데, 그것에 비하여 정신분석은 움직이지도 느끼지도 못하는 신체를 기본으로 한다.

이 비기관적인 신체란 지금까지의 논의에서 보아온 영양적 삶일까? 그렇지 않으면 이론적인 삶일까? 아니 너무 서두르지는 말자. 정신분석적인 삶, 즉 비기관적 삶이 전개되는 평면을 이제 조금 검토해가자. 그것은 우선 연극적theatrical인 장면에서 비롯된다. 어떤 계단교실amphitheater, 샤르코에 의한 임상의학강의, 이른바 금요강의이다. 거기에서는 히스테리의 신체적 스펙터클화가 행해지고 있었다. 살페트리에르 병원 원장인 샤르코는 자기의 환자들에게 최면암시를 걸고는 그녀들(강의에 〈출연〉하는 환자의 대다수는 젊고 아름다운 여성이 뽑혔다고 한다)에게 여러 가지 증상을 연기演技하게 하고 있었다.

암시만큼 언어의 〈보게 하는〉, 〈가시화하는〉 작용 내지 힘을 분명히 보여주는(가시화하는?) 것은 없다. 암시는 보인다는 것이 언어의 실현하는 것이라고 사람들에게 제시하는 것이다. 히스테리적 신체는 이때 경직된 신체이기도 하면서 극히 유순한 신체이기도 하다. 실제로 샤르코는 청중(관객이라고 해야 될까?)의 눈앞에서 히스테리 환자에게 여러 가지 포즈를 취하게 한다. 암시를 통해 암시자의 의도대로 경직상태에 빠져들게 하는 것이다.

그곳은 언어의 힘, 의학이 명령하는 힘이 최상의 권력을 휘두르는 극장 같은 느낌이 든다. 이는 극장의 관례인데, 연출가인 의사(출연자[주역?]이기도 하다)와 관객은 모두 보이기는 하면서도 가시성可視性의 포로가 되어있다. 즉 여성의 신체라고 하는 〈보이는 것〉이 명령하는 언어를 유혹하고 있는 것이다. 〈보이는 것〉은 그 자체가 〈명령하는〉 몸짓과 〈유혹하는〉 몸짓이 만나는 무대인 것이다.

그러나 여성 신체의 가시성, 여성의 신체로 가시화되어 있는 가시성이란 도대체 어떠한 가시성일까? 예를 들면 푸코는 『감시와 처벌』에서 구체제 말기의 잔혹한 형벌의 장면을 묘사하고 있는데, 거기에서는 처형되는 범죄자(혹은 시역자弑逆者)의 신체란 그것이 산 것이든 이미 죽은 것이든 거기에 군주의 권력을 가시화시키는 것이며 또한 형의 집행=수행의 과정에서는 어떤 의미에서 권력을 밖으로 드러내는 행위였다는 것이다. 처형에 실패하여 범죄자가 여간해서 죽지 않을 때는 형벌을 구경하러 온 민중의 불만이 쌓여 반란이나 소요로 발전하는 계기가 되기도 하였다.

형벌의 잔혹함은 구경꾼들에게도 전염이 되고 민중의 신체를 흥분시킨다. 촉발하는 것이다. 이 흥분은 폭력의 주체를 용이하게 다른 것으로 전환시켜 버린다. 시역자의 신체에 가해지는 폭력의 주체는 본래 군주였겠지만 범죄자의 신체가 그 폭력에 저항하여 여간해서 숨이 끊어지지 않을 때, 그것은 마치 그 범죄자가 자기 자신에게 가하는 폭력이기라도 한 듯한 상황이 되며, 그와 같은 폭력의 자기향유 과정(중동태!)을 통하여 군주의 것이 아니라 범죄자 자신의 신체가 영광에 휩싸이게 된다. 이 빛나는 신체, 아우라aura에 휩싸인 신체는 마치 빛을 통하여 혹은 가시성을 통하여 다른 신체에도 마찬가지의 수난을, 광휘를 나누어주고, 분유分有라도 시키는 것 같아진다. (고통의 광경을) 보는 것이 사람들을 선동한다. 그것은 소위 〈보는 것〉이 〈감지되는 것〉으로 뛰어넘어가는 순간, 외부에서 감지되는 일 없이 감지되는(촉발되는) 순간이며, 이 순간에 반란하는 민중의 신체가 탄생한다.

이와 같은 구체제에서의 시역자의 신체와 비교할 때, 19세기 히스테리 여성의 신체는 그 가시성이란 차원에서 보면 어떠한 권력관계를 드러내어 밖으로 노출시키고 있는 것일까? 그리고 프로이트는 무엇을 피하기 위해 이 무대를 떠나(프로이트는 샤르코 문하에서 유학했었다), 닫힌 진료실에 놓인 침대의자의 배후로 물러갔던 것일까?

아마 그것은 연극적인 장치에서 가시성으로의 포착을 회피하려 한 것일 것이다. 보이는 것에 의한 유혹을 피하고 싶었던 것이다. 이것은 실제로는 이미 보이는 것에 의해 자신이 유혹을 받고 있다는 사실을 단순히 부인하고 싶어서라는 사실만 작용한 것일까? 아니 그걸로 끝날 문제가 아니다. 문제는 가시성에 사로잡힌 채로 있으면, 비기관적인 신체에 의한 기관의 위장simulation에 얽매인 상태에서 (관객내지 관찰자 그리고 연출가인 존재가) 빠져나올 수 없다는 데 있다.

그렇다면 가시성의 포로가 된다는 것은 어떠한 상태일까? 그것은 뭔가가 가시성의 영역으로 도래하기를 기다리고 기대하는 것이다. 사람들은 히스테리발작이 일어나기를 이제나저제나 하며 기다리고 있다. 그러나 가시성의 영역으로 도래하는 것은 도대체 무엇이란 말인가? 눈에 보이는 신체는 무엇에 의하여 뒷받침되고 이중화된다는 말인가? 히스테리의 가시적인 신체가 눈에 보이지 않는 빛에 의해, 아우라에 의해 휩싸인다고 하면 이 아우라가 나타내는 것은 무엇일까? 그런데 살페트리에르에서는 사람들은 아우라에 계속 사로잡혀 그 의미, 그러니까 가시적인 신체, 가시화할 수 있는 기관으로 이루어진 신체와의 눈에 보이지 않는(가시성의 영역에 속하는 것은 아니다.) 차이를 더 이상 추구하려 하지 않는다. 단지 가시성을 마치 해부학이 기관에 대하여 그러하듯이 확장하려고 할 뿐이다. 방대한 분량의 히스테리에 대한 사진기록을 통하여.

프로이트가 거부하는 것은 이와 같이 가시성에로 뭔가가 도래하기를 기다리는 시간이며, 혹은 가시성 쪽으로 도래하게 하는 강령술降靈術로서의 암시暗示이다. 암시를 자유연상법으로 바꾸고 극장을 긴 의자로 바꾸는 것은 가시성의 영역을 떠나 언어의 영역으로 이행한다는 것을 의미한다. 명령하는 것과 유혹하는 것을 다른 장소에서, 즉 언설言說 상에서 만나게 하려는 것이다.

가시적인 기관적 신체에서 보면 과잉인데 일종의 아우라로서밖에 즉, 가시적 영역에 기입된 비가시성으로서밖에 시각적으로 표상되지 않는 뭔가에 달려 있으며, 〈명령〉이나〈유혹〉도 거기에 달려 있다. 비가시적인 것을 향하여 사람은 명령을 한 것이었고 또 이 비가시적인 것이 사람을 유혹한 것이기도 했다.

그러나 명령하는 언어가 히스테리의 신체에 의해 어떤 포즈로서 가시화되는 한, 비가시적인 것이 기관적 신체에서 떨어져 나가는 일은 없다. 여기에서 존재하는 것이란 사건은 가시화될 수 있고, 사건은 보이는 것의 영역에 속한다고 하는 전제였을 것이다. 아마 프로이트가 의심한 것은 이 전제이며, 그 때문에 그는 극장적인 장치에서 벗어나지 않으면 안 되었던 것이다. 정신분석의 잠재력potential은 따라서 바로 그 〈보는 것〉을 통하여 이해해가는 장치들에게 저항한다는 데 있다.

언어를 보이는 것에 접속하는 것이 아니라, 언어를 언어에 접속하는 것, 명령하는 언어를 지워 없애, 보이는 것에 의한 유혹을 언어에 의한 유혹으로 바꾸는 것, 아니면 비기관적인 신체를 가시적인 기관적 신체에서 절단하여 언설과 관계를 짓는 것, 비기관적인 신체를 언설의 차원에서 처음으로 가시화하는 것(아니 촉지 가능하다고 해야 할까?)이어야 할 것이다. 여기에서 만일을 위해 확인해두자면, 내재적인 삶은 비기관적인 삶인데, 그렇다고 비기관적인 삶이 반드시 내재적인 삶이라고는 할 수 없다.

장치와 언설

우리가 지금 대상으로 하고 있는 비기관적 삶 즉, 〈섹슈얼리티〉라고 불리게 될 삶은 내재적 삶과 마찬가지일까. 그것을 밝히기 위해서는 장치라는 문제를 생각할 필요가 있다. 장치가 가시성 내지 빛을 어떻게 포착하며 또한 언설이 어떻게 거기에 파고들어가 있는가 하는 문제이다.

언설이란 원래 비기관적인 신체에 대하여 무엇을 하는 것인가를 생각하기 위해서라도, 여기에서 조금만 장치와 관련하여 언설의 존재를 보아두자.

언설은 비기관적인 신체에 대하여 어떤 작용을 하는 것일까. 언설은 비기관적인 신체를 지시하는 것일까? 가시적인, 기관적인 신체라면 지시할 수 있다. 〈이봐, 이것이 책상이야〉, 〈이봐, 이것이 개야〉, 〈이봐, 이것이 히스테리야〉라는 식으로. 언설은 비기관적인 신체를 의미하는 것일까? 〈비기관적인 신체란 이러이러한 것이다〉라고. 아니면 표명하는 것인가? 〈나는 비기관적 신체이다〉라고. 그렇지 않다면 표현하는 것인가?

그런데 도대체 언설이란 어떠한 존재일까? 언설은 그것이 사용되는 한 언어이다. 그것은 〈누군가가 이야기한다〉라는 양태로 파악된다. 비록 그 언설의 주어나 주체의 고유명이 〈소크라테스〉라든지 〈데카르트〉처럼 확실하게 알려져 있어도, 그것이 〈누군가가 이야기하고 있다〉는 형태로 이해되는 한 그것은 언설이다. 그리고 그것은 물론 그 내부에 갇혀 있지는 않다. 언설은 누군가에게 청취될 수 있는 것으로 존재한다. 즉, 〈누군가가 이야기하고 있다〉에 덧붙여 〈누군가가 듣고 있다〉는 것이, 이 두 〈누군가〉의 존재가 〈사용되었다〉는 식으로 이해되는 것이 언설의 조건이다. 〈나(자아)〉라는 것은 〈누군가가 이야기하고 있다〉에서의 〈누군가〉, 그것도 항상 복수의 〈누군가〉를 묶는 형태여야 비로소 가능하다. 〈나〉는 복수의 〈누군가〉를 사칭하여 지배하는 존재로 다가온다. 그리고 이 〈나〉는 항상 제2인칭을 향하여 이야기하게 된다. 그와 같은 〈나-타자(당신)〉의 축이 언설에 의해 전개된다.

예를 들면 〈나〉가 〈오늘 전차는 밀린다〉고 이야기했다고 하자. 이 언설은 〈오늘 전차의 상태(얼마나 밀리나 하는 정도)〉라는 (비언설적인) 사물의 상태를 지시하고 있으며, 그것을 표상하고 있다고도 할 수 있다. 또 이와 같은 사물의 상태에 대한 나의 불쾌감을 표명하고 있기도 하다. 그리고 〈지금 나는 전차에 타고 있다〉든가 〈언제나 타는 이 전차는 밀리지 않는다〉는 식의 다른 언표言表에도 이 발화는 열려 있다. 또 언어 표현상으로도 이 언설은 〈오늘 전차가 밀리는군〉과도 〈오늘은 전차가 밀립니다〉와도 다른 것으로 이해되어야 할 가능성이 있다. 이 언설들은 그것이 지시하는 사물의 상태로 보면 같을지 모르지만, 그것을 포착하는 장치는 다를지도 모른다. 그것은 어쩌면 함께 전차에 타고 있는 나의 동료 내지 부하를 향하여 이야기한 것인지도 모른다. 그리고 나는 시원치 않은 영업을 하고 귀가하는 길일 수도 있다. 이때는 전차조차도 오늘의 내 실패를 다그치는 가증스러운 존재로 묘사되고 있다고 할 수 있다. 그리고 그 일로 인해 옆에 있는 동료를 나의 분노를 공유하는 동료로 삼는 것이다.

즉, 좁은 전차 안에 여러 인간의 신체가 북적대는 상태는 그것만으로 장치를 구성하고 있다고 하기는 어려우며, 이 때 장치의 존재는 언설에 의하여 표현되어야 한다. 바꾸어 말하면 눈에 보이는 신체의 배열만으로는 장치가 안 된다. 장치는 그와 같은 가시성만으로 이루어지는 것이 아니다. 〈그와 같은 가시적인 것이 바로 그 장치이다〉라고 지시할 수 있으려면 장치의 존재는 미리 표현되어 있어야 한다.

물론 여기에서 말하는 〈표현〉은 〈명명하는 것〉이나 〈이름을 부르는 것〉은 아니며 표상하는 것도 아니다. 예를 들면 〈우향우!〉는 군대라는 장치의 이름을 부르고 있지도 않고, 표상하고 있지도 않지만 그 존재를 표현한다. 장치는 항상 가시적인 신체 이외의 뭔가에 관계되어 있으며 언설에 의해 표현될 수밖에 없다. 금이나 은은 가시적인 물체이지만 화폐는 그렇지 않으며 CD나 CD 플레이어는 가시적인 물체이지만 상품은 반드시 그렇지는 않다. 화폐나 상품은 언설로 표현되어야 하는 장치에 속한다. 우리의 언설은 날마다 그 장치의 존재를 표현하고 있다. 그렇다고 해서 우리는 맑스가 그랬던 것처럼 그 장치의 이름을 부르는 것은 아니다.

젠더나 섹슈얼리티가 장치의 이름이라고 한다면 그것은 항상 이렇게 하여 〈누군가〉를 통솔하고, 주도권hegemony을 쥐고, 말하는 사람과 듣는 사람의 포지션으로 사람을 불러들여, 남녀든지 성적 욕망이든지의 선線에 따라 사람들을, 즉 여러 신체들을 배분하여 가는 것이다. 예를 들면 남성성기와 여성성기라는 가시적인 기관의 차이가 비가시적인 언설로만 표현 가능해질 때, 근대적인 성-젠더의 복합체로서 섹슈얼리티가 장치로 표현되고 있다고 할 수 있을지도 모른다. 그러나 내 자신은 젠더든 섹슈얼리티든 그 자체를 장치라고 하기는 어렵지 않겠느냐는 생각을 하고 있다. 젠더 및 섹슈얼리티는 근대에 있어서는 장치에 귀속된 개인에게 불가피하게 수반되는 스타일, 혹은 〈평가적 액센트〉(바흐친)같은 것으로서 생각해야 할 것이다.

이것은 나의 언어가 아니다.

그런데 정신분석적인 언설 혹은 이야기, 즉 정신분석에서 이야기가 가지는 의의는 그것이 이론적이라는 점에 있을 것이다. 그것은 재연再演과는 다른 방식으로 사건의 동일성을 확립하는 반복反復에 관여하는 이야기이며, 분석가의 이야기라기보다는 피분석자(라캉의 용어로 말하면 분석주체)의 이야기 같은 것이다. 말하자면 이야기를 통하여 치료하는 정신분석이다.

이야기한다는 것, 그것은 도대체 무엇인가 하는 문제가 정신분석의 근본에 있다. 이야기하는 것과 실제로 행하는 것은 무엇이 다른가? 바꾸어 말하면 정신분석은 근본적으로 언어가 존재한다는 것이 어떠한 의미를 가지는가 하는 질문을 던져 왔다. 이 경우 언어의 존재는 과연 지금까지 보아온 장치의 존재를 표현하는 행위로서의 언설과 마찬가지인가 어떤가를 생각해볼 필요가 있을 것이다.

예를 들어 이러한 예를 생각해보자. 〈나는 컵으로 물을 마신다(마셨다)〉고 이야기하는 것과 실제로 (다시 한 번) 컵으로 물을 마시는 행위는 무엇이 다른가? 우리들은 컵을 사용하여 물을 마신다. 뭔가를 붙잡아 그것을 가지고 뭔가를 한다. 그렇다면 언어도 그런 것일까? 우리들은 언어를 가지고 뭔가를 하는 것일까? 분명히 뭔가를 한다. 언어를 써서 명령하기도 하고 부추기기도 하며 가슴을 두근거리게 하기도 한다. 이것이 이른바 언어이론에서 말하는 수행적遂行的 발화이다. 그렇다면 언어를 사용한다는 것은 컵을 사용하는 것과 다름없는 어떤 것일까? 그렇지 않으면 언어로밖에 표현이 안 되는 뭔가가 존재하는 것일까? 언설은 언어가 사용되는 한에 있어서 장치의 존재를 표현한다고 했다. 그런데 언어를 사용하고 있을 때는, 적어도 뭔가를 음성을 통해 이야기를 할 때에는 이야기하는 행위와 먹는 행위가 동시에 이루어지지 못한다. 때로 그것이 입이어도 되고 손이어도 되겠지만, 언어는 그것이 관계하는 기관을 어떤 의미에서 독점하여, 그 기관을 동물적 삶에서 떼어내는 것이다. 물론 이와 같이 떼어내어 기관적인 것에서 비기관적인 것으로 이행시키면 어떤 면에서는 언설에서 포지션(과 그 위치관계)으로 삶을 넘겨주는 기초가 되기는 할 것이다.

그러나 그것뿐일까? 나는 언어를 통해 비기관적인 것으로 이행하는 과정을 〈자기〉라는 것과 연관지어 검토해보고 싶다. 그러니까 언설 및 장치는 포지션(그것은 비기관적이지만, 기본적으로는 모두 〈나〉이다)으로 이행하면서 기관인 신체를 배분한다. 포지션의 집합과 기관적 신체의 집합을 대응시키는 것이 언설이라고 할 수 있다. 그에 비하여 〈자기〉는 포지션이 아니라 내재적 삶이므로 당연히 기관적인 신체도 아니다. 언어를 장치와는 다른 평면에서 전개할 수는 없을까? 가시성으로서의 기관적 신체에서도 여러 형태의 〈나〉를 배분하는 언설에서도 벗어나, 동물적인 삶의 한 가운데에서 내재적인 삶을 실현하는 것, 언설적으로 행동하지 않는 언어의 존재양식. 그것은 언어의 휴가 같은 것이 아니라 오히려 언어의 총체적 파업general strike라고 해야 할 지도 모르겠다. 예를 들면 언어를 어느 누가 봐도 〈내〉가 썼다고는 생각하지 못하도록 쓴다는 것. 누가 읽어봐도 〈이것은 내 언어가 아니야〉라는 말이

나올 수밖에 없도록 쓴다고 하는 것. 우선은 언어에 대한 〈나〉의 지배권(사디즘의 기본은 이것이다)을 포기하는 것.

이와 같은 〈나〉가 〈자기〉로 이행하거나 일탈할 때 섹슈얼리티는 여기에 어떻게 관여하게 되는 것일까? 최종적으로 우리들(〈나〉들?)이 목표로 하는 것은 이것이다.

II 성, 삶, 공공성

제1장 개체화와 착시(錯時 ; anachronie)

—미생물의 성性이란 관점에서—

세계의 생존survival

내재적인 삶, 동물적인 삶, 그리고 이론적인 삶의 관계에 대하여 생각하기 위해 여기에서는 생물학자가 하는 말에 귀를 기울이고자 한다. 생물학에 의지하는 것이 지금까지의 페미니즘이나 섹슈얼리티 이론의 성과를 무無로 돌리는 것이라고 생각할지도 모르겠다. 그것은 분명히 생물학적인 것이 사회적, 역사적인 것을 규정하는 것이 아니라는 것을 주장하는 것이며, 여성의 해방이나 성적 마이너리티minority의 해방을 추구하는 운동 속에 항상 존재해왔고 지금도 계속 존재하고 있다는 것을 주장하는 것임에는 의심의 여지가 없다.

그렇다고 한다면 왜 우리는 생물학을 참조하려는 것일까? 그것은 처음에도 말했듯이 섹슈얼리티의 출현이라는 사태 자체가 삶이 정치화政治化하거나, 정치가 생물학화한 하나의 귀결이기 때문이다. 우리는 생물학을 회피할 수는 없으며 필요하다면 분자적인 레벨에서의 논의도 수용해야 한다.

물론 생물학 전문가가 될 필요는 없으며 전문적 지식이 없다고 해서 겁먹을 필요도 없다. 모르는 것에 대하여 발언하는 것을 두려워해서는 안 될 것이다. 모르면서도 아는 체 할 필요는 없으며, 이는 경우에 따라서는 비판을 받아야 마땅하다. 그러나 이 경우 안다는 것이 전문적 지식을 갖는 것이라고 한다면 〈어떤 사항에 대하여 발언할 수 있을 정도로 그것에 대하여 알고 있다〉는 판단은 누가 누구에게 내리는 것일까? 물론 전문가가 내린다. 그렇다면 그 전문가가 그와 같은 판단을 내릴 만큼 전문가인가 하는 판단은 도대체 누가 내리는 것인가? 어떤 형태의 전문가 집단이 내린다. 그렇다면 그 전문가 집단에게 그와 같은 권위를 부여하는 사람은 누구인가? 등등.

이와 같이 〈누가 충분히 알고 있는가〉라는 질문은 무한배진無限背進에 빠지게 한다. 실제로 우리들의 일상생활은 어딘가 적당한 지점에서 그와 같은 질문을 그만두기 때문에 성립가능하다. 그렇다기보다도 우리의 일상성이란 뭔가에 대한 질문이나 의심에 대한 저항으로서 존재한다. 어떤 의미에서는 우리의 삶을 산산이 분해해 버리는 것에 저항함으로써 일상성을 낳는다. 비트겐슈타인에 대한 독해讀解가 훌륭하다고 알려져 있고, 미국의 일상 언어학파를 대표한다고 해도 좋을 철학자 스탠리 카벨은 일상성이라는 것은 회의론에 의한 (공동체의) 파괴를 극복하고서 살아남은survival 삶의 광경이라고 생각한다(그가 예로 들고 있는 것은 셰익스피어의 로맨스 희극, 코울리지나 에머슨의 낭만주의, 게다가 헐리웃의 낭만적 코메디, 그리고 베게트이다).

철학이란 행위는 카벨(이 이해하는 비트겐슈타인)에게 있어 회의론의 유혹하는 목소리(세계는 존재하지 않을지도 모른다, 타자는 존재하지 않을지도 모른다, 너는 존재하지 않을지도 모른다)에 대한 응답이며, 그 유혹에서 생환生還하려는 시도이다. 단지 일상 언어학파라 불리는 사람들은 종종 일상 언어의 존재(〈일상 언어로는 그렇게는 말하지 않는다〉)를 가지고 회의론에 대하여 반박하는데, 카벨은 회의론은 반박할 수 없는 것이라는 사실을 솔직하게 인정한다. 회의론은 반박하지 못한다. 단지 그것을 살려낼 survival 뿐이다. 그리고 그와 같이 하여 살아남은 자가 발견하는 것이 〈일상〉인 것이다. 물론 그것은 회의론에 노출되기 이전의 삶과 동일한 삶은 아니다. 거기에는 언제나 회의론의 유혹하는 목소리의 여운이 남아 있다.

일상 언어의 특징은 모국어 화자native speaker가 존재하는 곳에 있다. 게다가 그 모국어 화자는 단적으로 말해 바로 나이다. 네이티브native라고 하는 것, 그곳에서 출생했다고 하는 것은 한편으로는 (이 언어나 저 언어가 아니라) 언어적인 것과의 만남에서 살아남았다는 것이며, 다른 한편으로는 언어와의 만남을 통해 인류라는 유개념類概念적 존재에 대하여 열려있는 것이기도 하다. 내가 모국어 화자로서 그곳에서 태어난 공동체는 결국에는 〈인류〉라고 부를 수밖에 없는 존재이다.

카벨은 비트겐쉬타인이 말하는 〈삶의 형식〉을 생물학적으로 이해할 것을 주장한다. 언어를 사용함으로써 인류와 공유하는 뭔가가 거기에 있다는 것이다. 그것은 〈형태〉인데, 바꾸어 말하면 윤곽이다. 즉 〈삶의 형식〉(나는 이 개념을 〈영혼의 윤곽〉으로 바꾸어 말하고 싶을 정도인데)을 묘사하려고 하면, 그것은 그대로 인류의 윤곽과 겹치고 만다(아리스토텔레스가 지성은 개인에게는 잠세태潛勢態가 현세태顯勢態보다 시간적으로 앞서는데, 인류에게는 그렇지 않다고 한 말이 생각난다).

오늘날 핵과 생체bio, 그리고 정보의 기술체계technology는 물질화된 회의론이라 해도 되는 것으로 여기고 있다. 예를 들면 『블레이드 러너』, 『토탈 리콜』, 『갑각 기동대』, 혹은 『매트릭스』같은 영화를 보면 세계의 존재나 타자의 존재뿐만 아니라 자신의 존재조차도 기술체계technology에 의해 가능해진 시뮬레이션simulation에 불과한 것이 아닐까 하는 의구심이 생길 정도이다. 나와 이 세계가 대파국(大破局 ; catastrophe) 이후의 지구에서 부서지고 남은 실리콘 칩이 꾸고 있는 꿈은 아니라고 증명하기란 논리적으로 불가능할 것이다.

전자적인 시뮬레이션 기술만은 아니다. 두뇌과학과 정신약리학의 발달은 분자적 레벨에서 두뇌에 작용을 가하여 성격이나 기억을 교체하려 한다. 현상학에서 말하는 〈살려진生 신체〉나 정신분석에서 말하는 〈무의식의 신체〉를 경유하지 않고, 직접 신체에, 분자 레벨에서 작용하는 기술의 전개이다. 〈과연 나는 존재하는 것인가〉라는 의문, 〈나에게는 마음이 없다〉고 하는 『오즈의 마법사』에 나오는 그 양철통 남자의 탄식은 결코 웃어넘길 일이 아니다.

더욱이 이와 같은 약리학의 발전을 가능케 하는 요인 중의 하나는 전 세계의 유전자 자원에 대하여 선진국의 제약자본이 탐욕스런 수집활동을 하고 있다는 것이며, 그것을 국제적으로 보호하려고 하는 〈지적 소유권〉에 대한 움직임이 있다는 것이다. 예를 들면 사소한 일에도 곧 무너질 듯한 선진국 〈시민〉이 평온한 일상생활을 손에 넣으려고 의사의 처방을 받아 복용하는 약이 어쩌면 제3세계의 어떤 나라에선가 그곳의 선주민이 전통적으로 사용해온 약초의 성분에 유전자 조작을 가하여 특허를 받은 상품일지도 모른다. 두뇌가 행하는 대사代謝 과정에의 분자적 레벨의 작용이 세계적 규모의 불평등을 (확대) 재생산하는 데 직접적으로 관여되어 있는지도 모르는 것이다.

우리가 살아남지survival 않으면 안 되는 세계란 바로 이와 같은 세계이다. 거기에서는 단순히 자신의 삶을 살고, 목숨을 유지하는 일이 불가피하게도 인간이라는 사실, 즉 인류라는 공동체의 일원이라는 사실과 일치한다. 전쟁과 집단학살genocide, 그리고 이 가차없이 발전해가는 글로벌 자본주의에서 살아남은 자는 이미 인류의 일원일 수밖에 없다. 바꾸어 말하면 오늘날 있을 수 있는 공동체는 〈인류〉 이외의 형태일 수는 없다. 지금 살아가고 있는 사람은 그 한 사람 한 사람이 스스로의 삶을 가지고 〈인간이란 무엇인가〉, 〈이러한 것까지도 인간이라 불러야할 것인가〉라는 질문에 답하고 있는 것이다. 〈그래, 이게 인간인 거야〉라고. 삶의 형식은 노골적으로 드러나고 만 것이다.

죽음에 대한 압력의 퇴조

삶의 정치화政治化, 즉 인간이란 것을 〈단지 살아 있다〉는 점에 만 초점을 맞추는 정치란 다름 아닌 정치의 생물학화이며, 그것은 푸코가 「앎의 의지」에서 지적하고 있는 것처럼, 죽음의 압력이 근대(유럽)에서 역사상 처음으로 사람들의 주의를 끌기 시작했다는 사실과 관계가 있을 것이다.

죽음을 멀리하는 기술, 가령 의료 등이 개인의 삶에 영향을 끼쳐 그 사람에게 조금이나마 생명연장을 가능케 한다는 것은 지금까지도 있어왔던 사실일지도 모른다. 그러나 그것은 어디까지나 개인적인 레벨에 그치는 수준이었지 집단의 삶을 연장하는 데는 관계하지 않았다. 집단으로서의 인간은 가혹한 죽음의 압력을 물리치지 못했던 것이다. 태어난 사람 중 많은 사람이 어려서 죽게 되고, 목숨을 부지한 사람에게도 역병이나 굶주림이 덮친다. 인간의 집단은 그러한 죽음을 언제나 보아 왔다. 그러던 광경이 18세기의 유럽에서 변하기 시작했다. 푸코는 말한다(길지만 핵심적인 부분이므로 그대로 인용하겠다).

> 널리 알려져 있듯이, 자본주의 형성의 초기 단계에 금욕적 도덕이 수행할 수 있었던 역할에 대해서는 수차례 문제가 제기되어 왔다. 그러나 18세기에 서양의 몇몇 나라에서 일어난 사건들 가

운데 자본주의의 발전에 결부된 것은 육체를 폄하시키는 것 같은 그 새로운 도덕과는 다르고 아마 그 도덕보다 더 규모가 큰 현상일 것이며, 사실 역사나 정치 기술의 영역에서의 생명의 등장－말하자면 인간이라는 종의 생명에 고유한 현상들이 앎과 권력의 영역 안으로 진입했다는 것－이었다. 그 시점에서 생명과 역사의 접촉이 최초로 일어났다고 주장하는 것은 아니다. 반대로, 역사적인 것에 대한 생물학적인 것의 압력은 수천 년에 걸쳐 지극히 강한 것이었다. 전염병과 기근이, 그리하여 죽음의 영향권 안에 놓여 있던 그 관계의 두 가지 주요한 극적 형태를 이루고 있었는데, 순환적인 과정을 통해, 그리고 18세기의 경제와 특히 농업의 발전 그리고 인구의 증가보다 훨씬 더 급속한 생산성과 자원의 증대－이것이 인구 증가를 촉진했지만－에 힘입어, 그 두 가지 대단한 위협이 다소 완화될 수 있었다. 다시 말해서 기아와 흑사병이 날뛰던 시대는 몇몇 재발된 경우를 제외하면 프랑스 대혁명 이전에 막을 내리고, 그때부터 죽음은 더 이상 직접 삶을 공격하지 않게 된다. 그러나 이와 동시에 생명 일반에 관한 지식의 발달, 농업 기술의 개량, 사람들의 생명과 생존을 대상으로 하는 관찰과 조치들이 그러한 완화의 경향에 이바지하고 있었다. 이를테면 생명에 관한 비교적 유력한 통제가 죽음의 절박한 위협을 어느 정도 몰아내고 있었다. 그렇게 해서 얻어진 여유 공간에서, 그 공간이 조직되고 확대되는 가운데, 권력과 앎의 수법들에 의해 삶의 과정이 고려되고 그 과정을 통제하고 변화시키려는 시도가 이루어진다. 서양인은 생물계에서 하나의 생물종이라는 것, 이를테면 하나의 육체, 생존의 조건, 삶의 개연성, 개인 및 집단의 건강, 변화할 수 있는 체력, 그 체력이 최적의 방식으로 배분될 수 있는 여지를 갖는다는 것이 무엇을 의미하는지를 점차로 깨닫는다. 아마 역사상 처음으로 생물학적인 것이 정치적인 것에 반영되었을 것이다. 살아 있

> 다는 사실은 더 이상 죽음의 우연과 그 숙명 속에서 때때로 떠오를 뿐인 그 접근할 수 없는 기저基底와 같은 것이 아니다. 그리하여 삶은 앎이 통제되고 권력이 개입하는 영역 안으로 다소간 옮겨간다. 권력은 죽음에 의해 최종적으로 공략당하는 권리의 주체만이 아니라 살아 있는 존재들을 다루게 되었고, 그들에 대해 권력이 행사할 수 있는 영향력은 삶 자체의 위상에 놓이게 되어 있었다.7)

순수한 아나크로니즘

생명에 대한 지식, 즉 생물학이 여기에 관여한다. 그러나 그것을 사회 속에 자리매김하여 일종의 사회 구축주의social constructionism처럼 생물학적인 진리도 사회적 실천의 결과 내지 효과로서 생겨나는 것이므로, 그것은 그 같은 사회적 실천에 상관적이니까 사회적으로 상대화된다고만 하면 되는 것인가? 바꾸어 말하면 생물학이 이야기하는 것에 진정으로 귀를 기울이지 않아도 된다는 것인가? 그런데 상대가 이야기하는 형식에만 주목함으로써 그 사람이 가진 발화의 힘을 빼앗아 쉽게 분류가 가능한 것으로 만드는 것, 이것이 바로 우리사회에서 의학적 실천이나 심리학적 실천이 그 자체의 진리의 생산이라는 권력 행사에서 이루어져 왔던 것이 아닐까?

만약 인문, 사회계의 그것도 푸코의 영향을 받아 비판적이라고

---

7) Michel Foucault, ***HISTOIRE DE LA SEXUALITÉ, Tome 1 La volonté de savoir***, Galliimard, 1976, 『성의 역사』 제1권 「앎의 의지」, 이규현 역, 나남출판, 1997, 152-153쪽

자인하기까지 하는 사람들, 즉 〈문화연구cultural studies〉라는 대략적인 이름이 붙은 조류潮流에 속하는 사람들이 일정 양식의 실천을 어떻게든 언설과 같은 형식으로 환원하고, 그것으로 충분하다고 여긴다면, 그것은 당치 않은 일이며 원래의 〈문화연구〉란 관점에서 보더라도 후퇴라 하지 않을 수 없다. 푸코의 논의든 〈문화연구〉든 그들이 가지고 있는 힘(잠재력potential)을 소진시키는 최선의 방법은 그러한 것들을 표상의 분석으로 환원해 버리는 것이다. 〈이들의 언설에서 무엇무엇은 어떻게 표상되고 있는가〉하는 물음을 언설의 분석(이들 자체가 장치 분석의 전부는 아니다)과 동일화하는 것이다. 이때 언설은 단지 〈표상한다〉는 동사로 환원되어 버린다.

가령 들뢰즈는 이와 같은 표상의 분석에 전혀 관심을 기울지 않는데, 그 이유는 그가 표상에 관해서는 성실한 칸트주의자이기 때문이다. 데카르트의 코기토에 대한 칸트의 비판을 들뢰즈는 높이 평가한다. 즉 데카르트는 〈나는 생각한다cogito〉는 표상에서 생각하는 물체로서의 〈나〉의 존재를 도출하고, 거기에서 한 걸음 더 나아가 신의 표상을 발견하며 그 표상에서 신의 존재로 이행한다. 표상의 존재(규정하는 것)와 표상된 존재(미규정인 것)를 직결하는 데카르트에 대하여, 칸트는 규정하는 것과 규정하지 않은 것의 사이에, 어떤 형식성을, 즉 규정 가능성을 매개로 해둔다. 그리고 이 형식이 바로 자기 촉발로서의 시간이다. 시간이라는 것은 〈나(자아)〉의 내부로 치닫는 틈새이며 〈자기〉(〈자기촉발〉에서 재귀적인 〈자기〉)는 이 틈새인 것이다.

데카르트가 표상과 존재를 일치시킬 수 있는 이유는 그가 현재 밖에 생각하지 않기 때문이다. 〈나는 생각한다〉고 하는 이 순간, 이 〈지금〉, 언제라도 〈지금〉일 수밖에 없는, 이 살아있는 〈나〉의 〈지금〉에 있어 〈생각하는 나의 존재〉가 의심할 수 없는 것이라고 한다면, 그와 같은 〈지금〉이 어떠한 전개도 차이도 내포하지 못하기 때문이며, 그와 같은 〈지금〉의 친밀함과 〈나(자아)〉의 존재는 떼어내지 못한다.

아마도 표상을 중심으로 하는 생각은 그와 같은 〈지금〉을 근본에 두고 있을 것이다. 〈지금〉이 모든 것의 바탕을 이룬다. 〈지금〉이 바로 진정한 의미에서의 존재이므로 모든 것은 〈지금〉의 존재에 의해 바탕이 이루어진다. 즉 모든 것은 〈지금〉, 살아 있는 〈자아〉에 의한 구축물이라 할 수 있다.

그것에 비해 〈자기〉의 시간성은 과거 일반 내지 기억의 문제와 이어져 있다. 〈자기〉의 문제계問題系에서 존재한다고 할 수 있는 것은 〈지금〉이라기보다도 오히려 과거, 혹은 기억이다. 절대적인 기억에서 현재가 생성된 것이다. 생각해보면 푸코는 『감시와 처벌』에서 기묘한 이야기를 했었다.

> 이러한 감옥에 관한, 그리고 감옥이 그 폐쇄적인 건물 속에 집합시켜 놓는 신체의 모든 정치적 공격을 포함하여, 나는 감옥에 관한 역사를 쓰려 한다. 이것은 완전한 시대착오적인 것일까? 나의 의도를 현재의 시대적 상황과의 관련 속에서 과거의 역사를 집필하는 것을 이해하는 사람에게는 그렇지 않을 것이며, 현재에 대한 역사서술이라고 이해하는 사람들에게는 그럴 것이다.[8)]

영어권에서 푸코를 성실히 따르려는 사람들(구축주의자라 불리는 일이 많다)은 종종 〈아나크로니즘anachronism : 시대착오〉을 비판(비난?)하는 말로 사용한다. 어쩌면 그들이 비판하는 것은 푸코가 부정한 그 아나크로니즘일지도 모른다. 예를 들면 플라톤은 〈동성애자〉라고 할 수는 없다. 왜냐하면 〈동성애〉라는 것은 19세기에 생겨난 개념이므로 그것을 고대 그리스에 적용하는 것은 아나크로니즘의 오류를 범한다는 것이다. 실제로 존 보즈웰은 『크리스트교와 동성애』에서 〈동성애자들Gay People은 어느 시대에나 있었다〉고 주장하며, 그 〈아나크로니즘〉을 비판했던 것이다. (그런데 푸코 자신은 〈이 책이 길잡이가 되었다〉고 절찬하지 않았던가?)

아나크로니즘을 성급히 비판하려는 태도는 푸코 자신의 것이라기보다는 오히려 소위 〈사회사〉의 흐름을 지탱하는 아날파의 것으로 생각된다. 푸코의 제자이기도 했던 자크 랑시에르가 지적했듯이 아날파의 〈사회사〉와 (나치스 독일에 의한 유태인 학살은 없었다고 주장한다) 〈역사 수정주의〉 사이에는 모종의 친근성이 존재한다. 과거에는 있을 수 없는 일이었다(고 현재의 우리들이 상정하는) 사건의 존재를 부정하는 〈아나크로니즘 비판〉이다. 그 당시의 사람들이 그것에 대하여 생각하거나 이야기하는 언어 혹은 개념이 존재하지 않는 것은 실제로도 존재하지 않는다고 주장한다. 〈동성애〉라는 개념 (혹은 표상)이 존재하지 않는 시대에는 〈동성애자〉도 존재하지 않는다. 아날파라라면 표상이 존재하지

8) Michel Foucault, ***Surveiller et punir : naissance de la prison***, Éditions Gallimard, 1975, 오생근 역 『감시와 처벌』, 나남출판, 1994, 61쪽

않는데도 뭔가가 존재한다는 식의 생각에 대하여 현재의 표상을 과거로 떠넘기는 아나크로니즘이라고 할 것이다. 그리고 유태인을 모두 학살한다는 따위의 터무니없는 생각을 하는 사람은 없을 것이다. 더군다나 총력전이 한창인 때 그런 학살을 실행하려 할 만큼 어리석은 사람은 존재할 리가 없다. 따라서 나치스 독일에 의한 유태인 집단학살은 존재하지 않는다고 역사 수정주의자들을 말한다. 그것은 현재의 표상을 과거에 투영하는 아나크로니즘인 셈이다. 우리는 표상과 존재의 이 결탁을 비판을 해야 한다.

푸코 자신에 의한 〈현재의 역사를 쓴다 = 만든다는 것faire l' histoire de présent으로서의 아나크로니즘〉에 대한 긍정적 평가를 우리는 어떻게 생각 하면 좋을까?

존재의 시간성

생물학에 대한 우리들의 관심, 특히 진화론에 대한 관심은 이 아나크로니즘을 다듬어 완성한다는 데에 의미가 있다. 진화론이 우리들에게 들이대는 문제는 이전에는 현재였던 과거와 지금 현재와의 관계가 아니다. 만약에 그렇다면 단지 표상으로서의 과거를 생각하는 것에 지나지 않는다. 그렇지 않은 순수한 과거, 〈지금〉은 일종의 가능성potentiality으로 존재하는 과거, 기억과 〈사는 것〉과의 관계를 생각하도록 진화론은 우리들에게 강요한다. 진화론은 현재를 만들어 내는 과거의 힘과 마주할 수 있게 해준다.

생물학을 〈인간은 생명을 어떻게 표상하여 왔는가〉라는 문제계

問題系의 밖에서 생각하도록 우리에게 촉구하는 것은 진화론이 가지는 이러한 힘이다. 현재를 살고 있는 사람이라면 누구라도 진화론과 무관하게 살지는 못한다. 비록 진화론을 부정하는 사람이라 해도 지층이 무엇이며 거기에서 나오는 화석은 무엇인가 하는 문제를 논하지 않고 넘어갈 수는 없으며, 따라서 현재와 과거의 관계에 관한 일정한 이론을 만들어내야 한다. 예를 들면 어떤 기독교 원리주의자라면 약 5,000년 전이라고 믿는 그들의 신에 의한 천지창조 때, 공룡의 화석이나 삼엽충의 화석도 함께 창조된 것이라고 할 것이다. 과거의 존재를 이와 같이 해석함으로써 인간이라는 것(현재)을 인간이 아닌 것, 즉 비인간으로서의 과거와 분리하려는 것이다. 인간은 처음부터 끝까지 인간의 모습을 하고 있었다는 식이다. 이것은 역으로 말하면 진화론이 도전하고 있는 것을 밝혀주는 것이다. 개체의 현재와는 구별되는 비개체적인 과거의 관계이다. 혹은 이렇게 말할 수도 있다. 지금 우리가 볼 수 있는 광경—지형이든 생물 종種의 분포이든—이 천지창조 이래 계속되고 있었던 것은 아니라는 것, 지금 눈에 보이는 것은 그렇지 않은 것에서 유래한다는 사실이다. 모든 존재는 그 나름의 시간성을 갖는다고 해도 될 것이다.

공생진화론

여기에서 린 마굴리스와 그녀의 아들인 도리언 세이건이 전개하고 있는 논의에 주목해보고 싶다. 마굴리스는 공생진화론의 제창자로 알려져 있다. 그들은 공저로 몇 권이나 되는 생물학의 계몽서를 썼다. 여기에서 주로 참조한 것은 그 중 『마이크로코스모스』[9]와 『섹스란 무엇인가』[10]의 두 권이다.

생물계를 크게 나눈다고 한다면 무엇을 기준으로 하면 좋을까. 우리가 보통 행하고 있는 〈동물〉과 〈식물〉에 대한 이분법은 〈엽록체를 갖는가 그렇지 않은가〉, 〈자력으로 움직이는가 그렇지 않은가〉 라는 점을 기준으로 하는 것인데, 이 분류법은 생물을 분류하는 기준으로는 전혀 만족스럽지 못하다. 생물학자 사이에서 최소한의 합의가 가능한 분류기준은 아마 진핵眞核세포 생물과 원핵原核세포 생물을 나누는 것인 듯하다.

진핵세포란 세포내에 핵막으로 덮인 핵을 가지고 있고, 그 내부에 DNA가 들어있는 것을 말한다. 핵 내의 DNA는 대개의 경우 히스톤 따위의 단백질을 심芯으로 하여 그것을 둘러싸는 형태로 크로마틴(염색질)을 형성한다. 세포분열 시에는 이 크로마틴이 감겨 올라가 염색체가 된다. 전형적인 진핵세포 생물의 경우 염색체 수는 종種에 따라 일정하다. 그리고 이른바 동물들의 대다수는 체세포가 2배체라고 하는 두 개가 한 쌍인 염색체의 쌍으로 이루어져 있어(2n), 그것이 감수분열을 일으키고, 짝으로 되어 있는 염색체가 하나씩 나뉘어 n개의 염색체를 갖는 두개의 세포로 나뉨으

---

9) 역주 : 린 마굴리스가 저술한 명저. 세포내 에너지공장인 Mitochondria의 기원을 원시 Cyano Bacteria로 보는 공생의 개념을 설명하고 있다. 식물의 엽록체역시 박테리아가 그 기원이다.

10) 린 마굴리스/도리언 세이건, 홍욱희 옮김, 지호사, 1999.

로써 생식세포(배우자)를 만들어 낸다. 또 핵막 밖의 부분(세포질)에는 미토콘드리아나 엽록체 따위의 세포 내 소기관을 갖추고 있다. 그에 비해 원핵세포에서는 뚜렷한 막에 의해 다른 것과 격리된 핵은 볼 수 없으며, DNA 분자는 세포 내에 드러나 있다. 따라서 세포 분열 시에 염색체가 형성되는 일도 없다.

진핵세포 생물에는 여러 가지 단세포 생물과 모든 다세포 생물이 포함된다. 짚신벌레에서 인간에 이르기까지 모두 진핵세포 생물이다. 한편 원핵세포 생물은 세균 등의 단세포 생물에 한정된다. 생명 탄생 초기의 생물은 모두 원핵세포 생물이었다고 생각된다. 마굴리스가 주장하는 공생진화론이란, 미토콘드리아나 엽록체는 원래는 다른 생물이었는데, 어떤 메카니즘mechanism에 의해, 우리들 진핵세포 생물의 선조에 해당하는 대형 미생물에게 먹혀 소화되지 않은 채 그대로 남아 서로 협력하면서 살아남은 것이 유전자 레벨에서도 보존되어 이 공생관계가 자손에게 그대로 계승되게 되었다는 것이다.

공생관계라는 것은 단순한 기생관계와는 달리 숙주 쪽도 상대로부터 이익을 취하는 것을 말한다. 예를 들면 산소 호흡을 하는 생물의 세포에는 미토콘드리아가 있다. 산소는 화학적으로 활성도가 높아 모든 세포에게는 맹독이라고 해도 좋을 만한 것이다. 태초에 지구의 대기에는 산소는 거의 포함되어 있지 않았다고 해도 될 정도였는데, 태양 빛을 이용하여 생명유지에 필요한 에너지를 얻는(요컨대 광합성을 하는) 미생물이 출현하자, 그 대사과정의 결과 배설물로서 맹독 물질인 산소가 대기 중에 방출되게 되었다.

대기 중 산소의 농도는 급격히 상승했다. 그렇게 되자, 예기치 않게 이 환경오염 물질인 맹독 산소를 이용하여 생명을 유지하는 생물이 출현한 것이다. 그것이 미토콘드리아의 선조에 해당하는 생물이 아닐까 하고 추정된다. 언젠가 대형 미생물이 미토콘드리아의 선조를 삼켜버렸는데, 웬일인지 소화되지 않고 체내에 남았다. 그러자 숙주가 된 대형 미생물은 미토콘드리아가 대기 중에 충만한 산소를 써서 효율적으로 만들어내는 에너지가 이용 가능하게 되고, 미토콘드리아도 직접 외부환경에 노출되어 커다란 변화를 감수하지 않고도, 안정된 세포 내의 환경에서 생존에 필요한 물질 등을 공급받게 된다. 이렇게 하여 서로의 생존에 유리한 관계가 성립되고 그것이 선택되어 생명을 유지해가게 된다.

생물학적인 성의 개념

물론 여기에서 획득 형질이 유전한다는 따위의 말을 하고자 하는 것은 아니다. 현재 많은 생물학자가 지지하는 다윈주의란 개체 레벨에서 획득된 형질이 선택된다고 하는 것이 아님(그렇다면 라마르크주의가 된다)은 말할 나위도 없다. 분명히 개체에 대하여 선택은 작용한다. 그러니까 개체가 살아남을 수 있는가 어떤가 보다도 정확하게는 개체가 (단세포 생물의 경우라면 자기 자신의 클론을 포함하여) 자손을 남길 수 있는가 어떤가 하는 점에서 선택이 작용한다. 그리고 유전자 레벨에서의 변화는 기본적으로 유전자의 본체로 지목되고 있는 DNA의 돌연변이에 의해 일어난다고 한다.

돌연변이에 의한 것이라고 하면 대단히 느긋한 이야기처럼 생각될지도 모르지만, 잠정적으로 백만 번에 한 번 꼴로 DNA의 돌연변이가 일어난다고 하자. 원핵생물은 세포분열에 의해 증식하므로 단순히 개체수로 생각해도 한 마리의 원핵생물이 백만 마리로 증식하기까지의 세포분열 회수는 2의 20제곱(1,048,576)으로 고작해야 20회이다. 하루에 한번 세포분열을 한다고 하더라도 20일, 한 시간에 한번 분열을 일으키면 하루가 조금 못된다. 이 정도의 시간에 돌연변이가 한 번 일어났었다면, 그것을 몇 억 년이고 거듭하는 동안에는 상당히 많은 변이가 축적된다(치사성의 변이를 일으킨 것은 도태되어버리고 말지만).

따라서 생명발생 이후 몇 억 년인가가 지난 시점에서의 단세포 생물들도 여러 가지 유전적 다양성을 가지며, 잠재적으로는 여러 가지 능력을 지니고 있었음에 틀림없다. 이미 세포 속에서 존재한 단백질이 다른 단백질과 공존하게 되어, 지금까지와는 다른 작용을 하기 시작하는 일이 있었을지도 모른다. 환경의 변화에 의해서든지 삼켜버린 자기보다 작은 세균과의 만남에 의해서든지 지금까지 가지고 있었던 산소가 다른 화학과정에 편입될지도 모른다. 그러한 변화의 결과 유리해진 개체가 살아남아 생식하고 유전자를 전달해 간다. 그렇게 하여 〈선택〉은 일어난다.

그런데 원핵생물은 유전자의 교체를 돌연변이의 출현 확률 이상으로 추진하는 어떤 메카니즘을 가지고 있다. 그것이 생물진화에서 해낸 역할은 헤아리기 어려울 정도다. 어쨌든 마굴리스들은 다세포 생물을 포함한 현재의 생물이 이용하고 있는 여러 유전적 자원 중, 미생물이 만들어내지 않는 것은 극히 적어, 뱀이나 전갈 등이 지닌 신경독과 두뇌 내 마약물질, 그리고 어떤 종의 식물이 갖는 환각성분 정도라고 한다.

그렇다면 그 원핵생물이 갖는 유전자 교체 기술이란 무엇일까? 그것은 섹스Sex이다. 마굴리스는 생물학적인 성의 개념을 〈둘 이상의 원천에서 유래하는 DNA의 교체〉라고 정의한다. 그리고 이것은 〈개체수의 증가〉로 정의되는 〈생식〉과는 전혀 다른 개념이라는 것을 강조한다. 실제로 세균 같은 단세포 생물은 다른 세균과 접합도 용이할 뿐 아니라, 다른 죽은 세균이 방출한 DNA의 단편이든 바이러스든 다른 곳에서 온 DNA도 쉽게 받아들일 수 있다. 그런데 이 때는 개체수의 증가는 일어나지 않는다(또 짚신벌레 같은 진핵의 단세포 생물도 접합에 의해 DNA를 교환한 후에는 분열능력이 잠시 떨어지는 모양이다).

우리들과 같은 다세포 생물에서 체세포는 세포분열은 가능한 것도 있는데, 성적 능력(DNA의 융합)은 상실하여 생식세포(정자와 난자)가 그것을 맡고 있다. 우리들의 성은 생식(새로운 개체의 출현)에 앞서 행해지는 것에 한정되어 있다. 그러므로 우리는 계속해서 성과 생식을 분리하지 못하는 것으로 생각해버리고 마는데, 생물학적으로 이것은 잘못된 것이며, 우리가 어쩌다가 다세포 생물로 태어났다는 데서 오는 일종의 편견(다세포 생물 중심주의?)에 지나지 않는다.

성sex의 기원

생식과 성이 본질적으로는 무관계한 것이라고 하면 생물에게서 성은 무엇일까? 마굴리스들이 시사하는 것은 자외선에 의한 DNA 손상damage을 복원하는 기구가 성의 기원이 아닐까 하는 것이다. 다 아는 바와 같이 DNA는 아데닌(A), 구아닌(G), 티민(T), 시토신(C) 의 네 가지 염기鹽基로 이루어진다. 이들 네 염기는 반드시 A와T, G와C처럼 선택적으로 결합하고 그 유명한 이중 나선을 형성한다. 지금 만약 이중나선의 한 쪽 사슬이 ATCC라는 배열방식을 하고 있다면, 그것에 대응하는 또 하나의 사슬은 당연히 TAGG라는 식으로 배열된다. DNA가 복제될 때에는 두개의 사슬이 풀려 각각 하나가 되고, 그 양쪽의 염기에 대응하는 염기가 붙어 원래의 DNA와 똑같은 것이 두 개 생긴다. 이처럼 같은 정보가 용이하게 복제되는 안정성에 DNA의 비밀이 있다.

그런데, DNA는 가령 자외선에는 약하다. 자외선에 의해 손상을 받으면 그 상태로는 원래의 유전정보를 전달하지 못한다. 그보다 직접적으로는 DNA에 기초한 단백질 합성이 원활히 이루어지지 않게 되어 자칫하면 생물의 죽음을 초래한다. 그래서 생물은 DNA의 복원 기구를 발달시켜온 것이라고 생각된다. 사슬이 한 개만 손상되어 있을 때는 손상된 부분을 떼어내(물론 산소가 있어야 떨어진다) 또 한 쪽의 온전한 사슬에 맞추어 복원하면 된다. 그렇게도 안 될 정도로 손상을 받았을 때에는 어떻게 하면 좋을까? 한 가지는 자신의 DNA에 있는 다른 부분을 모델로 하여 복원할 가능성이 있다. 더 나아가서는 다른 개체에서 유래하는

DNA 또는 DNA의 단편을 바탕으로 하여 복원할 가능성도 생각할 수 있다.

어떤 계기로 인해 자신 속에 끼어든 DNA를 쓰기 위해서는 실은 중요한 전초 단계가 있다. 그것은 그 DNA를 소화하지 않는다는 것이다. 단세포 생물이어도 당연히 외계로부터 내부로 들어온 다른 세포를 분해하는 효소를 가지고 있으며, 그것으로 영양을 섭취한다. 그런 과정을 거치지 않는 것, 외부를 게걸스럽게 먹지 않는 것, 즉 동물적 삶의 정지가 성sex의 조건인 것이다.

즉, 성은 종의 존속보다도 (원래 세균에는 〈종〉의 개념이 성립하는가 어떤가도 의심스럽다) 오히려 개체의 존속이라는 절실한 요구에 부응하는 데서 비롯되었다. 그것은 죽음에 대한 저항이라기보다도, 노화老化에 대한 저항이라고 하는 것이 좋을지도 모른다. 노화의 메카니즘도 아직 해명되었다고는 할 수 없지만, 노화를 설명하는 설說 중에서 유력한 것의 하나는 DNA 손상의 축적설이다. 자외선이나 활성산소 혹은 그 밖의 화학물질이나 에너지 등에 노출되고, 더 나아가서는 분열 시의 돌연변이 등으로 인해 DNA는 시간의 경과함에 따라 손상을 받는다. 성은 DNA의 이러한 손상에 대한 복원기구의 연장으로서 생겼을 가능성이 높다. 실제로 세균에 한정되지 않고 단세포 생물은 많은 경우 섹스(성행위)sex에 의해 분열능력을 회복시킨다. 섹스 직후에 분열능력이 떨어지는 이유는 일단 개체가 미성숙한 상태로 돌아가기 때문이라고 한다. 말하자면 젊어지는 것이다(물론 여기에서 말하는 섹스란 유전자의 교체를 말하는 것으로, 우리와 같은 다세포 생물의 이른바 섹스에서는 자신의 체세포 유전자의 교체는 일어나지 않으므로 젊어지지도 않는다. 만일을 위해 설명해둔다면). 단세포 생물에서는 섹스에 의해 자기 자신이 자신의 아이가 된다고 생각하면 이해하기 쉬울지도 모르겠다. 그렇게 하여 일종의 생물시계를 영zero으로 되돌릴 수 있다. 행인지 불행인지는 모르지만 우리들은 영에서 시작하는 개체와는 다른 개체이다.

종과 개체

세균에 있어서 이와 같은 섹스 즉 유전자의 교체는 일상다반사日常茶飯事이다. 세균과 같은 원핵세포의 DNA는 진핵세포인 단세포 생물과 비교해보더라도 그 수가 훨씬 적다. 세균들은 우리와 비교하여 훨씬 단순한 기구만으로 꾸려가고 있다. 이 단순함은 실은 이점利點이기도 하다.

예를 들면 이러한 예를 생각해보자. 우리 인간이 하늘을 날기 위하여 새의 날개를 가지고 싶어 유전자 조작을 한다고 하자. 그 때, 팔의 형태만을 바꾸어 가지고는 안 된다. 날개를 움직이기 위한 근육(인간의 체중을 뜨게 하려면 상당한 크기의 날개가 필요하며 그것을 움직이는 데는 엄청난 힘이 필요할 것이다)이 있어야 하며, 그 근육을 받쳐줄만한 골격이 필요해진다. 즉, 인간전체의 디자인을 변경해야 한다. 그러지 않고 만약 팔만을 새의 날개 모양으로 했다고 하면 그것은 단지 차의 운전이나 컴퓨터의 키보드 입력, 혹은 캔의 따개pulltab 사용 같은 것을 하기 어렵게 하는 일일 뿐이다. 게다가 실제로 새의 DNA와 인간의 DNA를 적당하게 융합하면 과연 생존 가능한 개체가 생겨날 것인가 하는 것도 의심스럽다고 하지 않을 수 없다. 진핵세포 생물에서는 이렇게 생존을 어렵게 하는 유전자 융합을 방지 하기위해 개체, 세포, 염색체 층위에서 몇 겹이나 되는 방호선이 쳐져있다. 개체 레벨에서 말하면 상호간의 교접행동이 유발되느냐 어떠느냐 하는 문제가 있다. (배우자) 세포 레벨에서는 화학물질의 발생이나 수용, 혹은 세포막 표면의 구조 등에 의해 접합의 가능성이 재현된다. 더 나아가 염색체 레벨에서 말하면 감수분열에 의해 배우자를 만들어 내는 유성생식의 경우 염색체의 개수가 일치해야 한다는 것이다.

이와 같은 유전자 융합의 가능성 내지 가능성의 제한에 의해 규정되는 생물집단이 〈종種〉이라고 가정한다면 세균에는 〈종〉은 없거나 혹은 모두가 하나의 종이라고 말해야 한다. 왜냐하면 세균은 어떤 개체 사이에서도 DNA의 교환이 가능하기 때문이다. 세균의 유전형질은 나날이 변해가는 것이라고까지 할 수 있을지도 모른다. 세균 기구의 단순함은 여러 타입의 DNA복제를 한 개체 안에 저장할 수 있게 하고 있다. 도움이 될지도 모르고 혹은 도움이 되지 않을지도 모르는 DNA의 복제를 거듭 교체하면서 끊임없이 상호 교환하고 있는 것이다. 그 결과 세균들은 전체적으로 하나의 커다란 다양성을 내포한 유전자 풀을 형성하고 있다.

다른 생물에서도 각각의 종 전체로 보면 어느 정도의 다양성을 갖춘 유전자 풀이라고 할 수 없는 것도 아니다. 하지만 세균의 경우 섹스에 의해 거의 직접적으로 그 유전자 풀에 진입할 수 있지만, 우리들의 경우에는 그렇게는 안 된다는 한계가 있다. 예를 들면 우리가 갈색피부의 유전형질을 갖고 싶다고 해도 우리가 할 수 있는 일은 기껏해야 생식을 통해 자손에게 갈색피부에 관한 유전형질을 가지도록 하는 정도이지, 자기 자신이 그와 같은 유전형질을 획득하지는 못한다. 그런데 미생물의 섹스에서는 그와 같은 일이 일어난다. 자유롭다고까지는 할 수 없지만 지금 존재하고 있는 개체가 지금까지의 몇 십억 년에 걸쳐 비축해온(실제 지구에 최초로 생명이 탄생한 이래 수십 억 년은 원핵생물밖에 존재하지 않았다) DNA의 다양성을 자기 것으로 만들 수 있는 것이다.

최근에 항생물질에 대한 내성균의 출현이 문제가 되고 있는데 이것도 세균의 생활 고리가 짧은(단시간에 분열을 거듭한다.) 데서 오는 돌연변이에 의해 획득된 형질일 가능성보다도, 이미 어딘가에 있었던 어느 세균에 의해 보존 유지되고 있었던 유전 형질이 세균들의 섹스 결과 급속하게 퍼진 것이라고 이해하는 쪽이 더 납득하기 쉽다. 인간에 의해서 지구환경 속에 만연된 항생물질(인간에 대한 치료약만이 아니라 가축용의 사료에도 넣어 대량으로 쓰였다)은 선택 압력이 되어 항생물질에 내성을 가진 세균의 개체수를 증가시킨다. 원래는 인간에게 무해하고 이 형질을 가지고 있어도 아무런 득이 되지 않을 세균이 지구의 어느 한 구석에 몰래(?) 살아 있었는지도 모른다. 그러한 세균에게 있어서 환경 속의 항생물질의 증대는 유리하게 작용하여, 이미 죽어버린 다른 세균의 영역을 차지할 수 있어 개체수가 증가한다. 그렇게 되면 다른 세균과의 접촉 기회도 늘어난다. 그때까지는 내성을 가지고 있지 않았던 인간에게 유해한 세균이 섹스를 통해서 내성을 획득할 기회도 늘어나는 것이다. 그리고 이번에는 이 세균이 생존에 유리한 힘을 발휘한다. 병원균 중에서 내성균이 오히려 주류가 되어 간다고 하는 현상은 실로 불을 보듯이 명백한 전형적인 다윈주의의 귀결이다(또 여기에서 알 수 있는 사실은 당연한 것이기는 하지만 자연계에서 일어나는 일이라고 해서 모두가 인간에게 〈만만한〉 것만은 아니라는 것이다. 자연에서 일어나는 유전자 교체 속에는 이와 같이 인간에게 파국적인 귀결을 부를지도 모르는 사항이 있다. 그렇다면 인간이 행하는 유전자 교체－그 기술은 기본적으로 세균에 의한 유전자 교체와 다름이 없다－를 어떻게 평가할까?).

개체화와 유전자

세균에게 있어서 섹스란 개체를 유지해가려는 노력이다. 개체유지를 위해 잠재적으로 이용가능한 자원은 수십 억 년에 걸쳐서 쌓아올린 다양한 유전적 저장고stock의 전부라고 해도 좋을 것이다. 유전형질을 여러 가지로 변화시키면서 개체가 생명을 유지해간다. 그것은 마치 〈소크라테스는 하얗다〉가 그때까지 참이었는데 갑자기 〈소크라테스는 검다〉가 참이 되어버리는 것과 같은 이치이다. 그뿐 아니라 〈소크라테스는 소크라테스의 자식이다〉라는 명제조차 참이 된다.

여기에서 생각하지 않으면 안 되는 개념은 개체란 무엇인가 라는 것이다. 개체성이 어떤 것에 기초한 동일성이라고 한다면 이와 같이 섹스를 통하여 유지되는 세균은 동일 개체라고 하기는 어렵다. 생물은 보통 물질대사를 행하고 세포를 구성하는 소재의 분자들이 교체되어 질료적인 동일성이 유지되지 않음은 물론 유전적인 형질까지 변화하기 때문이다. 단세포 생물은 죽지 않느냐는 질문에 대해서는 개체의 연속성을 어떻게 생각하느냐에 따라 답이 달라지게 된다. 한 마리의 단세포 생물에서 시작되는 클론의 세포분열이 계속되는 한, 같은 개체가 살아있는 것이라고 본다면 단세포 생물은 죽지 않는다고 할 수 있다. 그러나 단세포 생물이 섹스(다른 개체와의 사이에서 혹은 자기의 염색체 사이에서 감수분열을 일으켜)를 하고, 그 시점에서 세대교체가 생겨 다른 개체가 되었다고 생각한다면, 무한한 세포분열이 가능한 단세포 생물이라고 하더라도 유한한 삶밖에는 살지 못한다는 이야기가 된다.[11] 그러나 여기서는 개체를 개체화의 차원에서 생각하고 싶다.

우리는 다세포 생물이므로 자손이라는 다른 개체에 유전자를 계승케 한다. 그 때문에 유전자의 커뮤니케이션을 부모에서 자식으로 이어지는 다른 개체 간의 일방적인 관계로 이해해버리기 쉽다. 그것은 종종 각 개체를 단순히 유전자의 교통수단으로 간주케 하는 것이 된다. 그리고 보다 심한 경우에는 유전자가 마치 〈기계 속의 유령〉처럼 직접 개체를 조작하고 그 생존을 좌우하고 있기라도 하는 듯한 이미지로 그리는 것이다. 이른바 〈이기적인 유전

11) 다카기 요시오미高木由臣 『생물의 수명과 세포의 수명－짚신벌레의 관점에서(生命の 寿命と 細胞の 寿命－ゾウリムの 観点から』[헤이본샤平凡社, 1993년]참조

자〉에 관해서는 스티븐 제이 글루드가 정중히 비판을 전개하고 있으므로[12] 그것을 참고했으면 하는데, 여기에서 논의하고 싶은 것은 유전자와 개체와의 관계, 보다 정확하게는 개체화와 유전자의 관계이다.

지금까지의 논술에서는 〈유전자〉와 〈DNA〉를 거의 같은 의미로 교환 가능한 것으로 다루어 왔는데 실제로 이 둘은 다른 것이다. DNA는 관찰 가능한 화학물질이다. 언젠가 고등학교 생물시간에 DNA의 추출실험을 한 적이 있다. 그것이 쥐의 간장肝臟이었을까, 그 조직을 갈아 으깨서 원심 분리기에 올려놓고 거기에 알콜인가 뭔가 하는 약품을 부으면 DNA가 결정화하여 실 모양이 된다. 그것을 유리 막대기에 감아 하루 동안 건조시키면 완성이 된다. 분명히 그렇게 했던 것 같다(하지만 벌써 20년 이상이나 지난 옛날 일이므로 정확히는 기억하지 못한다). DNA는 정말로 단순히 물질인 것이다.

그런데 유전자는 관찰 가능한 물체는 아니다. 그것은 유전형질의 단위이기 때문이다. 그런데 관찰 가능하지 않다고 해서 존재하지 않는다고 할 수는 없으며, 인간의 사회적인 규약으로서만 존재한다고 할 수도 없다. 그렇다면 유전자는 어떻게 존재한다는 것일까. 우리가 저지르기 쉬운 오류는 지금 나타난 형질이라기보다, 단적으로 지금 있는 개체의 모습을 역으로 하여 그 기원에 투영하는 것이다. 유전자는 발현한 개체와도 혹은 DNA와도 다른 순서에 속

---

12) 예를 들면 『팬더의 엄지발가락』 제8장, 『닭의 이빨』 제13장[양쪽 다 하야카와 분코早川文庫]

한다. 화학물질로서의 DNA의 행동양식이라면 의인적인 이야기도 가능하지만 유전자에 대해서는 그렇게는 되지 않는다. DNA는 관찰해보면 뭔가를 따르고 있는 것처럼 보일지도 모르지만 유전자는 그렇지 않다. 유전자는 관찰 가능한 것이 아니므로, 볼 수도 만질 수도 없으며 단지 생각밖에 할 수 없는 대상으로 존재한다. 그것은 유전자가 개체화의 상관항相關項이기 때문이다(그에 비하여 DNA는 개체 속에 자리매김된다).

순수한 개체화

베르그송에서 들뢰즈로 이어지는 개념의 하나가 잠재성virtuality이었는데 여기에서는 그 개념을 참조해야 할 것이다. 잠재적virtual이란 말과 대對가 되는 개념은 현실적actual이란 말이고, 잠재성에서 현실성으로 이행하는 것이 현실화actualization이다. 이 잠재성/실재성이라는 짝은 그 어느 것이나 실재적real이다. 그리고 실재적인 것real과 대비되는 것은 가능한 것possible이다. 베르그송에서 〈가능한 것〉을 둘러싼 문제제기는 기본적으로는 허위문제이다. 왜냐하면 가령 〈셰익스피어 이외의 누군가가 『햄릿』을 쓸 수 있었을까〉 같은 질문은 우리가 이미 『햄릿』의 존재를 알고 있기 때문에 비로소 가능해진다.

실제로 셰익스피어가 『햄릿』을 쓰기 전에 (셰익스피어가 쓴 것과 똑같은) 『햄릿』이 가능할까 하는 문제에 대하여 도대체 누가 질문을 던질 수 있었을까? 『햄릿』과 같은 작품의 집필이 가능해지기 위해서는 실제로 셰익스피어가 『햄릿』을 쓰기까지 경과한 시간의 전부, 일어난 사건의 전부가 필요해지며 결국 그 〈가능한 역사〉는 현실의 역사와 조금도 다름이 없는 것이 될 거라고 베르그송은 지적한다.[13)]

가능성에 대한 물음은 이와 같이 기본적으로는 현재를 과거 속에 투영하는 데서 생긴다. 이미 보아서 알고 있는 것의 공허한 표상을 과거 속에서 망령처럼 발견하는 데 지나지 않는다. 그리고 시간이라는 것은 그 망령들이 실재의 세계에 모습을 나타내기까지 무대 뒤 분장실에서 기다리는 시간 정도로밖에 이해되지 않는다. 즉 가능한 것과 시간의 관계는 외재적이며 따라서 실재하는 것도 시간에 대하여 외재적이다. 가능한 것과 실재하는 것은 아주 비슷하여(가능한 『햄릿』과 실재의 『햄릿』처럼) 그들 사이의 차이는 있을까 말까 한 정도이다.

그런데 우리가 알고 있는 현실reality은 시간에 대하여 외재적일까? 가능한 것과는 달리 잠재성/현실성의 관계는 시간과의 사이에서 일종의 내재성을 유지하고 있다. 잠재성과 현실성 사이에 유사한 점은 없다. 그들은 닮은 것 같아 보여도 닮지 않았다. 현실성과 잠재성의 사이에 존재하는 것은 차이화이다. 잠재성과 현실성의 차이는 시간을 통하여 전개된다. 즉 시간화와 현실화란 구별이 불가능하다. 현실화와는 별도로 추상적으로 흘러가는 시간 따위는 존재하지 않는다. 그것은 또한 개체화이기도 할 것이다. 개체는

---

13) Henri Bergson, ***La pensée et le mouvant***(사상(思想)과 움직이는 것), 1934.

개체화란 차원에서 파악되어야 한다.

개체를 파악하는 방법 중 하나는 개체를 분류의 극한으로 보는 것이다. 그것은 존재하는 것을 분류하고 분할해가다가 이제 더는 분할할 수 없는individable 지점에 이르면 바로 그것을 개체individual로 이해하는 것이다. 예를 들면 생물을 동물과 식물로 분류하고 분할했을 때, 이 분할에 의해 생겨난 것은 그 원래의 속성을 보존, 유지하고 있다. 동물이나 식물도 생물이므로. 마찬가지로 동물을 인간이나 말이나 개로 분할해도 그것들이 동물이라는 사실에는 변함이 없다. 인간을 소크라테스나 플라톤으로 분할해도 소크라테스나 플라톤도 인간이다. 그런데 소크라테스를 머리나 팔이나 심장으로 분할했을 때, 그것들이 〈소크라테스다〉라고 할 수 있을까? 소크라테스의 팔은 소크라테스일까? 소크라테스의 머리는 소크라테스일까? 실제로 그와 같이 분할한다면 소크라테스는 죽어버리고 만다. 존재하지 않게 되는 것이다. 여기에 분류 내지 분할의 한계limit로서 개체가 나타난다.

그런데 이와 같은 〈~할 수 없다〉라는 부정적=소극적인 규정이 아닌 긍정적인 개체의 규정은 없는 것일까? 분류에서의 제한이 아니라, 분류 자체에 대한 한정 같은 형태로 개체에 대하여 생각할 수는 없는 것일까? 그렇게 함으로써 개체가 아니라 개체화에 착안하는 것이 긍정적인 규정의 첫걸음이 되는 것이 아닐까?

개체의 관점에서 보면 분류는 자기가 어느 집단으로 분류되는가 하는 귀속의 문제이다. 그 경우 귀속의 기준이 분할의 기초가 된다. 어떤 속성을 가지고 있느냐 그렇지 않으냐 하는 분할선에 입각하여 귀속이 결정되기 때문이다. 예를 들면 엽록체를 가지고 있는가 어떤가라든지 세균을 유리그릇에 배양했을 때 콜로니(한 개의 세균에서 증식하여 배양기에서 육안으로도 확인할 수 있게 된 집단)의 주변이 흐린가 아니면 뚜렷한가같은 문제이다.

그러나 세균의 섹스는 그러한 속성에 의한 구별을 무효화하는 것은 아닐까? 그것은 세균 속에서 종을 구별할 수 없다고 하는 것이기도 하지만, 세균의 섹스야말로 생명이 원래는 종eidos이라는 식의 논리와는 전혀 별개로 발전하여 왔다는 사실을 우리에게 가르쳐주는 것이다. 종이라는 관점은 개체와 그 개체가 자기의 과거라고 부를 만한 것과의 관계를 생식의 가능성－확실히 가능성이지 잠재성은 아니다－과의 관계로 한정하는 것이다. 개체의 과거와 미래를 지금 현재 존재하는 그 개체와 닮은꼴로밖에 유추하지 못한다. 개체는 자기와 닮은꼴－부모일 수도 있고, 선조일 수도 있으며, 아니면 가능성으로서 이해되어 버린 유전자일 지도 모른다－에서 생겨나 자신과 닮은꼴을 후대에 남기는 것이라고 한다. 개체는 자기와 닮은꼴이 형성하는 집단으로 분류된다.

세균의 섹스에서는 자기 자신이 자신의 아이인데(덧붙여 말하면 생물학에서는 세포분열의 결과로 생긴 세포를 〈딸세포〉라고 한다), 그것이 반드시 자신과 닮았다고 할 수는 없다. 유전형질이 갑자기 변화하는 것이므로. 자신과 닮지 않은 자신을 낳는다. 자신의 과거나 미래도 여전히 자신이며 다른 개체가 되지 않음에도 불구하고 자신과 닮지 않았다. 개체와 유전자, 그 표현형인 개체와의 관계는 잠재성과 현실성의 관계라고 이해해야 한다. 유전자는 가능태가 아니다. 마치 유전자 속에 작은 인간이라든가 작은 개가 숨어 있기라도 한 듯한 이미지를 떠올려서는 안 될 것이다. 잠재성으로서의 유전자－그것은 생물이 가지는 기억의 총체라고 해도 좋다－의 현실화로서 개체는 존재하는 것이며 그리고 그 핵심이 되는 곳에 세균의 섹스가 위치하고 있다. 개체가 개체로서, 바꾸어 말하면 개체화의 순수한 표현으로서.

개체화의 폭주

만약 우리의 체세포 레벨에서 세균적 섹스가 이루어진다면 도대체 어떻게 될까? 그것을 묘사한 것이 데이빗 크로넨버그David Cronenberg가 감독한 영화 『플라이TheFly』(1986년)이다. 원래는 1958년의 카트 뉴먼 감독의 SF 영화 『더 플라이』의 개작remake이다.

물체와 멀리 떨어진 장소로 순간적 전송을 하는 기계를 발명한 천재 과학자가 스스로 실험대가 되었는데, 전송장치에 한 마리의 파리가 끼어들어가 그 파리와 합성되어 기괴한 파리 인간이 되어 버리고, 결국에는 파트너인 여성에게 죽여 달라고 간청하여 죽는다는 이야기의 줄거리는 원작과 변함없는데 과연 크로넨버그다 싶은 개작이어서 흥미롭다.

우선 이것은 특수촬영 기술의 발전에 힘입은 바가 크겠지만 원작에서는 처음부터 머리와 손이 파리 모양을 한 파리 인간이었다. 인간과 파리는 하나로 합성되는 것이 아니라 부품이 실수로 조립된 것이었기 때문에 머리와 한쪽 팔이 인간의 모습을 한 파리도

나온다. 그런데 크로넨버그의 것은 파리와 인간이 완전히 합성되어 하나가 된다. 더군다나 처음에 언뜻 보면 원래의 인간과 다름이 없어 보인다. 크로넨버그가 그 영화에서 중점적으로 다루는 것은 인간이 서서히 파리의 모습으로 변해가는 과정이다. 손가락이 떨어져 나가고 이가 빠지며 턱도 없어져가는 과정을 그의 취향인 무시무시한grotesque 영상으로 집요하게 묘사해 간다.

그리고 크로넨버그다운 솜씨가 엿보이는 대목 중 또 하나는, 원작에서는 아주 오래 전에 TV에서 방영한 것만을 본 것이었기 때문에 잘 기억하지는 못하나 분명히 천재 과학자(라기 보다는 광적인 과학자라고 해야 하겠지만)가 혼자서 연구를 계속하여 물질 전송기를 완성시킨다. 물론 크로넨버그의 것도 천재 과학자는 아무에게도 알리지 않고 혼자서 만들어내기는 하는데, 그래도 그는 어느 대기업의 연구원이며 자신의 발명품을 그 기업에 넘겨주어야 하는 입장에 있는 사람이다. 즉 현대의 과학기술에 있어서는 군사산업학의 복합체와 결별하고서 고고한 천재과학자의 입장을 관철시키기란 이미 불가능하다는 사실을 그려놓았다는 점이다.

크로넨버그의 『플라이』에서는 기업이 자신의 발명품을 앗아 가버리기 전에 그것을 자기의 것으로 만들어 소유하려는 욕망이 자신을 실험대로까지 삼으면서 빨리 전송장치를 완성시키고자 조바심까지 내게 되는 이유 중 하나이다. 즉 기업체-개체라는 축에서 새로운 물품의 발명을 어떻게 자리매김할 것인가 하는 문제가 그것이다.

그리고 과학자가 조바심을 내는 또 하나의 이유는 과학 잡지의 기자인 파트너(그녀에게 특종기사를 제공해주겠다고 약속을 한다)와 그녀의 옛 남자친구이기도 한 과학 잡지 편집장과의 관계를 질투해 술에 취하여 제정신이 아니었기 때문이기도 하다. 실은 옛 남자친구인 편집장은 전송기의 발명이라는 특종기사를 그녀에게서 가로채 자신의 것으로 하려고 노린다(그는 결국 그녀를 파리인간이 되어버린 과학자로부터 보호해주게 되지만). 여기에서도 새로운 물품의 발명이라는 사건은 어느 누구에게 어떻게 속하는가 하는 것이 젠더나 섹슈얼리티란 축을 따라 문제화되고 있다고 할 수 있다.

이와 같은 선이 교차하는 가운데 천재과학자는 자기 자신을 실험대로 하여 전송을 시도하게 된다. 그 결과가 전송기에 잘못 섞여 들어간 파리와 유전자 레벨에서의 융합이다. 전송 후 얼마동안 그는 이상한 능력과 정력을 보인다. 그는 말한다, 자기는 살flesh에 눈을 떴다고. 살이란 무엇일까? 그것과 신체body는 다른 것일까? 물론 〈살〉이라고 했을 때 거기에는 〈육욕〉이라는 여운도 있음에 틀림없다.

그런데 반드시 그것만은 아닐 것이다. 살은 인간이 파리가 되어갈 때, 보다 정확히 말하면 인간도 파리도 아닌 파리인간(전송기의 컴퓨터는 적절하게도 그를 〈파리인간〉이라고는 부르지 않고 〈블랑돌 파리〉라는 고유명을 붙여 부른다)이 되어가는 과정에서 노출되어가는 것이 아니었던가? 인간의 신체를 구성하는 제諸 기관이 형태를 잃고 파리의 기관으로 바뀌어 가는 가운데 나타나는 그 무엇이다. 종으로의 귀속으로부터 개체가 일탈해가는 이른바 개체화가 폭주할 때 언뜻 보이는 것, 그것이 살이다. 이 과학자는 살에 눈을 뜨는 것이지 성욕에 눈을 뜨는 것은 아니다. 세균적 섹스에 의해 살이 그의 내부에서 눈을 뜬 것이다. 〈그〉는 이 과정의 주어主語는 아니다. 그것은 장소를, 토포스topos를 나타낸다. 거기에서 살이 눈을 뜨는 것이다. 즉 순수한 개체화인 것이다.

이와 같이 순수한, 폭주하는 개체화에서는 시간성은 역사화되지 않는다. 역사란 지층화地層化되고 어떤 경계역境界閾을 가지고 구분된 형성물의 중첩인데, 그와 같은 역사성과는 다른 아나크로닉한 시간성이 바로 개체(화)의 시간인 것이다. 파리도 인간도 종으로 보면, 지층이며 역사화되고 있다. 그러나 개체는, 그러니까 대개 모든 개체라는 것은 절대적 기억에 참여해야지만 생각이 가능하다. 그것은 지층이라기보다도 습곡褶曲이다. 세균은 섹스에 의해 비역사적인 기억을 자신에게로 접어 올리는 것이다.

제2장 친밀 공공권

—혹은 트라우마trauma에 입각한 공동성—

두개의 삶

여기에서 잠시 이런 것을 생각해보자. 우리는 어떻게 하여 자신에 대한 것을 아는 것일까? 혼자서 조용히 내면을 성찰함으로써일까? 분명히 그렇게 함으로써 알 수 있는 부분도 있을 것이다. 〈나는 인간이다〉라든가, 〈나는 일본인이다〉라든가 〈학생이다〉, 〈교사다〉라는 식으로 말이다. 누군가 타인에게 묻지 않더라도 스스로 답할 수 있는 것, 적어도 그렇게 자신이 믿을 수 있는 것을 『인간의 조건』의 저자 아렌트에게서 말을 빌려 〈뭔가what 성性〉이라고 부르기로 하자.

그런데, 가령 내가 용감하다든가, 아니면 비겁자이라든가 하는 것은 자기 자신에게 질문만 던지면 알게 되는 것일까? 오히려 그것은 타자에게 심판을 청해야 하는 것이 아닐까? 내가 자신을 아무리 용기가 있다고 생각해도 실제로 비겁한 행동을 취하여, 다른 사람에게서 비겁자라는 비난받을 때, 자기는 원래는 용감한 사람이인데 겉보기에만 비겁할 뿐이라는 식으로 빠져 나갈 수 있는 것일까? 분명 무리한 이야기이다.

이렇게 하여 나는 내가 누구일까 라는 것을 자기 혼자서만 정할 수는 없는 상황에 맞닥뜨리게 된다. 이와 같은 형태로 타자의 반응reaction 내지 응답response 없이는 알지 못하는 〈나〉를 역시 아렌트의 말을 써서 〈누구who 성性〉이라고 명명하기로 하자. 그러니까 내가 누구인가 하는 것은 나의 행위 혹은 수행performance이 타자에 의해 평가됨으로써 비로소 서술이 가능해지는 것이다. 이처럼 내가 〈누구일까〉라는 문제제기는 항상 타자가 보고 들어야지 가능해진다.

인간이란 타자가 그를 볼 수도 있고 그의 말을 들을 수도 있다. 이것은 인간 조건의 하나이다. 물론 어떤 존재나 다 그렇기는 하다. 그러나 반드시 타자가 그런 것은 아니다. 인간의 경우 같은 인간인(그런데 동시에 다른 인간으로서 이기도 한데) 누군가가 대답을 할 가능성이 있다. 아렌트는 이 가능성을 인간의 복수複數성이라고 보고 있다. 그것은 단순히 인간의 개체수가 하나보다도 많다고 하는 의미에서가 아니라, 오히려 하나의 사항에 대한 견해나 평가의 차이가 환원 불가능하다는 의미에서이다. 따라서 인류 최후의 생존자라고 해도 그 사람이 인간인 한 복수적일 수 있으며, 반대로 동물은 개체수가 몇 만이든 어떤 개체든지 동일한 자극에 대하여 동일한 반응밖에 돌아오지 않는다면 거기에 복수성은 존재하지 않는다고 해야 한다.

아렌트에게 있어 애초에 〈정치적인 것〉the political이라든가 〈공공성公共性〉public sphere이라는 것은 인간의 이 복수성이 순수하게 전개되는 장場이라는 의미였다(덧붙여 말하면 아렌트는 적어도 어떤 문맥에서는 〈공공성〉과 〈세계〉를 거의 같은 의미로 쓰고 있다). 그녀가 보기에 고대 그리스가 위대한 점은 인간의 복수성이 순수하게 드러나는 장소를 〈도시국가〉라는 형태로 제도화하고 물질화했다는 것이다. 그리고 그리스에서는 공공성과는 별도인 영역에, 공공성을 가능케 하는 사적 영역, 즉 〈가정家政〉이 자율적 영역으로 조직화되었다.

가정家政이란 사적 재산을 관리하는 장소이며, 거기에서 생산과 (생식이라는 의미에서의) 재생산이 이루어진다. 아렌트가 강조하는 것은 고대세계에서 노동이란 사적인 사항이었는데, 이 말을 바꾸어 하면 타자의 눈에 띠지 않게 해 두어야 할 사항이었다는 말이다. 이와 같은 가정의 영역에 (자유민 계급의) 여성과 어린이, 그리고 노예가 갇혀 있었다.

아렌트에 의하면 고대 그리스의 자유란 개념은 (삶의) 필연성에서 해방되는 것을 의미했다고 한다. 생물인 인간이 살아가기 위해 필요한 것, 그 때문에 따르는 필연성(먹지 않으면 살아갈 수 없다, 음식을 찾아야 한다, 휴식을 취하고 잠을 자야 한다 등등)에서 해방되어 있는 상태가 바로 자유이다. 그와 같은 자유는 분업에 의해 달성된다. 생물로서의 삶에 신경을 쓰는 것으로부터 해방되어 자유를 누릴 수 있는 것은 자유민 계급의 성인 남성에 한정된다. 자유민이라 하더라도 여성과 어린이는 자유의 공간에서 배제되며, 당연히 노예(고전기古典期의 그리스에서는 채무노예가 금지되어 있었으므로 전쟁 포로가 아니면 매매에 의한 것으로, 기본적으로는 다른 인종집단ethnicity에 속한다고 생각할 수 있을 것이다)도 거기에서 제외된다.

생물로서의 삶에 신경을 쓰는 일에서 해방된 자유의 공간, 그것이 정치적인 영역인데, 그 영역을 아렌트는 왜(인간의 복수성이 드러나는) 공공성과 일치하는 것으로 보는 것일까? 그것을 이해하려면 그녀가 『인간의 조건』에서 제시한 인간 활동의 구분을 검토할 필요가 있다.

아렌트는 인간의 활동activity을 행위action, 일work, 노동labor의 셋으로 나눈다. 행위란 인간 활동의 산물이 아니라 그 활동 자체가 평가의 대상이 되는 것이라고 한다. 이에 대하여 일과 노동은 어느 것이나 활동의 결과 생겨난 것이며 가치가 있다고 하는 점에서는 공통이 된다. 그런데 일과 노동에서 결정적인 차이가 나는 부분은 그 산물産物의 지속시간이다. 일의 산물은 일종의 작품이며 건축물이나 가구처럼 실제로 사용되는 것에서부터 예술작품처럼 사용의 대상이 되지 않는 것에 이르기까지 어느 것이나 그것을 만들어낸 사람의 삶이 끝난 후에도 지상에 존속한다. 그것은 개인의 삶보다도 긴 시간을 이 세상에 존재한다. 그런데 노동의 산물은 사용되는 것이 아니라 소비되는 것이며, 나날의 식량으로 대표되듯이 인간의 삶에서 필요를 충족시키기 위해 창출되어 아주 조금밖에 우리의 수중에 머무르지 않는다. 눈 깜짝할 사이에 소비되어 이 세상에서 사라져 버리는 것이다.

실천(프락시스)과 제작(포이에시스)에 대한 대비는 사상사적思想史的으로도 우리에게 친숙한 것인데, 아렌트는 한 걸음 더 나아가 제작을 둘로 나눈다. 이 경우 기준이 되는 것은 물건이 존속하는 시간이라고 지적한 점이 그녀의 훌륭함을 보여주는 대목이라 할 수 있을 것이다. 인간 측의 용도, 혹은 욕구(=필요)의 차원에서 생각하는 것이 아니라, 인간에 의한 사용에 대하여 물건 쪽이 얼마나 배겨낼 수 있을까, 손모損耗에 저항하여 그 존재의 자립성을 얼마나 유지할 수 있는가가 기준인 것이다.

우리는 이렇게도 기술할 수 있다. 행위는 행위자를 만들고 일은 세계를 만들며, 그리고 노동은 삶의 재생산에 봉사한다. 일은 생물로서의 인간이 마음껏 욕심을 부리지 못하는 삶의 필요 = 필연에 저항하여 존속 가능한 물건을 만듦으로써 생물로서의 삶의 영위만으로는 환원 불가능한 공간을 여는 것이다. 그것이 〈세계〉이다. 이러한 의미에서 고대 그리스의 도시국가는 세계의 세계성世界性 자체를 제도화한 것이다.

〈세계〉는 일의 산물이며 작품에 의해 열리고 또한 작품에 의해 그 경계가 정해진다. 그와 같은 세계를 무대로 하여 거기에서 활동하는 존재는 생물로서의 삶보다도 삶이 더 확장된 존재라고 할 수 있다. 이른바 살아 있으면서 사후의 삶을 사는 셈인데, 대개 인간인 이상 물론 누구라도 생물로서의 삶(그리스인이 말하는 조에)과 삶의 방식으로서의 삶(마찬가지로 비오스)의 둘을 다 살고 있다고 할 수 있을 것이다. 아렌트가 찾아낸 고대 그리스의 의의意義는 이 두개의 삶을 확실히 구별된 두개의 제도制度(도시국가와 가정家政, 공공 영역과 사적 영역), 그리고 두 집단(자유민 계급의 성인남성과 그 이외의 사람)으로 나눔으로써, 인간적 삶에 고유한

가능성(생물로서의 삶을 초월한 삶의 방식으로서의 삶)을 가시화했다는 것이다.

생존survival으로서의 일상생활

생물로서의 삶과 삶의 방식으로서의 삶을 구별하는 것을 다른 관점에서 생각해 보고 싶다. 비트겐쉬타인은 『철학적 탐구』 제1부 244절에서 이렇게 말하고 있다.

> 어떻게 낱말들은 감각들과 관련되는가?－여기에는 아무 문제도 없는 것처럼 보인다 ; 왜냐하면 우리는 날마다 감각들에 관해 이야기하고, 감각들을 명명하지 않는가? 그러나 이름과 명명된 것과의 결합은 어떻게 수립되는가? 이 물음은, 사람은 어떻게 감각들에 대한 이름들의 의미를 배우는가 하는 물음과 같다. 예컨대 "고통"이란 낱말의 의미, 하나의 가능성은 이것이다. 즉 낱말들은 감각의 근원적인, 자연적인 표현과 결합되고, 그 자리를 대신한다는 것이다. 어린 아이가 다쳐서 울부짖는다; 그리고 그때 어른들은 아이에게 말을 걸고, 그에게 외침들을 그리고 나중에는 문장들을 가르친다. 그들은 아이에게 새로운 고통-행동을 가르친다.
> "그러니까 당신의 말은, '고통'이란 낱말은 실제로는 울부짖음을 의미한다는 것인가?"－그 반대다; 고통의 낱말 표현은 울부짖음을 대체하며, 울부짖음을 기술하지 않는다.[14)]

---

14) Ludwig Wittgenstein, ***Philosophische Untersuchungen***, Frankfurt am Main : Suhrkamp, 1967, 『철학적 탐구』 이영철 옮김, 서광사,

나는 이 번역문 속의 〈대신〉이라는 말이 나를 겁나게 한다. 나는 독일어는 전혀 모르므로 독일어 원문 표현이 얼마나 사람을 불안하게 하는 것인가는 모른다. 하지만 나는 어쨌든 이 한 소절에서 어떤 치환운동에 수반되는 상실과 그것의 보충 혹은 보상과도 비슷한 감정을 느낀다. 나는 여기에서 우수melancholy를 발견한다. 언어는 자연을 대신하는 것이라는 것이다. 즉 언어를 사용하는 것은 〈자연스런 표현〉의 장례를 치르는 일이다.

그렇다고 한다면 우리들 모국어 화자native speaker란 무엇인가 하는 것을 보다 잘 규정할 수 있게 될 것이다. 어떤 언어의 모국어 화자가 된다(처음부터 언어를 가지고 태어나는 인간이 없는 이상, 누구나 모국어 화자로 생성된 것이다)는 것은 그 언어를 쓸 때마다 〈자연스런 표현〉을 잃어버렸다고 느끼는 것이다. 모국어 화자는 자연에 대한 장례葬禮로서 그 언어를 행사한다.

자연이란 이런 경우 배울 수 없는 것이란 말이다. 예를 들면 〈배우는 것〉 그 자체는 우리가 배우지 못한다. 우리는 배움에 대하여 자연스럽게 타자에게서 배운다. 오히려 아무 것도 배우지 않는 것이 불가능할 정도이다. 비트겐슈타인은 〈언어에 있어서 인간은 일치한다, 그것은 단지 의견이 아니라, 생활형식의 일치Übereinstimmung, agreement이다〉(『철학적 탐구』 제1부 24절)라고 하는데, 여기에서의 생활형식 내지 삶의 형식의 일치란 244절에서 어린이가 〈아픔〉이라는 말의 용법을 배울 때 보이는 반응과 같은 것일 것이다.

1994, 139쪽.

물론 244절의 예는 부자연스럽다. 아파하며 울고 있는 어린이에게 달려간 어른은 보통 그 아픔을 어떻게 표현해야 하는지는 가르쳐 주지 않는다. 더구나 그 아이가 진정으로 〈아픔〉이란 말의 용법을 배웠는지 어떤지를 시험하기 위해 때려보고 〈아파!〉라는 말을 제대로 하는지 어떤지를 검사하는 일도 없을 것이다. (〈학생이 지금 0에서 9까지의 수를 써서 우리를 즐겁게 했다고 하자－단지 그것은 학생이 같은 것을 몇 번이고 해서 보여주는 경우에만 한정되는 것이지, 백 번 보아 한 번만 바르게 쓴 경우를 말하는 것은 아니다〉 [『철학적 탐구』 제1부 145절]). 〈어떻게 된 거야, 어딘가 아픈 거니?〉〈어디가 아프니?〉 이렇게 말을 걸거나 묻는 말에 대답을 하면서 어린이는 〈자연스럽게〉 배워간다, 자연을 대치하여 가는 것은 자연스런 일이다. (그리고 이 자연스러움 자체는 결코 대치되는 일이 없다).

삶의 형식에서 〈일치〉agreement를 〈합의〉로 번역할 수 없는 이유는 그것이 이와 같은 〈자연〉에 관계되기 때문이다. 배우지 않을 가능성, 배우기를 거부할 가능성이 없는, 어떤 원초적 장면으로서의 학습장면이다. 〈합의合意〉라면 거부 가능성이 함의되어 있기도 할 것이다. 하지만 여기에 있는 것은 가르치는 사람(반드시 가르치려고 의도하고 있지는 않다)과 배우는 사람(배우는 데 동의하고 있는 것은 아니다)의 일치, 생각지도 않게 목소리＝컨디션Stimme이 맞아 떨어지는 일종의 튜닝tuning인 것이다. 우리는 이 일치를 통해 〈자연스런 표현〉을 〈언어표현〉으로 대치해 간다. 상대에게 맞추어 아무 생각 없이 목청을 높이는 사람을 우리는 〈어린이〉(이와 관련하여 말하면 infans란 〈말을 안 듣는 사람〉을 의미하는 듯하다)라고 부르는 것이다. 우리는 누구나 자기 안에 팽개쳐진 삶으로서의 어린이를 떠안고 있으며, 그 삶에 대한 상복을 입고서 살고 있다.

이 튜닝은 생물로서의 인간의 삶과 삶의 방식으로서의 인간의 삶과의 차이화差異化 그 자체이기도 하다. 〈인간이라고 하는 것〉, 바꾸어 말하면 인간의 자연 내지 인간적 자연이란 〈항상 인간이 되는 것〉, 끊임없는 인간으로 생성하는 도상途上으로서밖에 있을 수 없다. 우리에게 있어서의 〈인간이라는 것〉이란 〈(아직 우리가 그렇지 않은 바의) 인간이라는 것〉으로 유혹하는 목소리의 존재가 없이는 생각할 수 없다. 인간의 복수성이란 이와 같은 유혹의 목소리가 어떤 인간에게도 반드시 떠나지 않고 따라다닌다고 하는 것에 다름이 아니다.

정치적인 것the political이나 사회적인 것the social, 혹은 공동체community나 사회society라는 것은 이 유혹하는 목소리에 대응하는 방식을 일컫는 것이라고 해도 좋을 것이다. 유혹을 물리치고 살아남은 사람이 자신을 뒤돌아보았을 때 거기에서 발견하는 것이 〈누구성〉으로서의 포지션이며, 포지션의 네트웍이 사회이다. 유혹의 한 가운데 있는 사람, 그리고 스스로 유혹하는 사람이 되는 자는 〈누구?〉라고 밖에 물을 수가 없어 자신의 공동체를 계속해서 찾아 헤맨다(그리고 그곳에 밖에 공동체는 존재하지 않는다).

섹슈얼리티, 사회를 구성하는 것

우리가 『인간의 조건』을 쓴 아렌트에게 불만을 품는다고 한다면, 그것은 그녀가 그 책에서 공공 영역과 사적 영역을 너무나 선명하게 변별하고 있다는 점에 대해서일 것이다. 그 때문에 근대라는 것을 정치적인 것과는 구별되는 사회적인 것의 전개로 파악했다고 하는, 대단히 소중한 논점을 애써 제시해놓고도 정작 그 〈사회적인 것〉에 대해서는 고유의 논리를 잘 전개하지 못했다는 생각이 든다.

아렌트가 보았을 때 고대 그리스에서는 공공성과 정치적인 것은 구체적으로 도시국가라는 형태에서 일치하고 있었다. 거기에는 자유민 계급의 성인남성들이 생물로서의 삶에서 해방된 삶, 즉 실천적인 삶의 방식으로서의 삶을 누리고 있었다. 그런데 공공성은 차츰 노동의 원리, 즉 삶의 필요성 = 필연성에 의해 침식되어 간다.

그렇다면 공공公共 공간을 점거한 삶의 필연성이란 도대체 어떠한 것일까? 아렌트는 도시국가와 정치라는 두 영역의 대비를 삶의 방식(비오스)으로서의 실천적 삶과 생물로서의 삶(조에)의 둘로 대비시킨다. 그런데 이때 생물로서의 삶으로 생각되는 것은 동물적 삶, 기관적 삶뿐인 것으로 생각된다. 우리가 제I부에서 보아온 내재적인 삶, 생물로서의 삶의 내재적 차원이 어이없게도 무너진 것은 아닐까? 그리고 그것과 표리表裏를 이루기라도 하듯이 공공公共 공간에서 그 구성원 사이의 대등함을 초래하는 기술체계technology에 관해서도 그녀는 그다지 관심을 기울이지 않고 있는 것처럼 보인다.

이러한 것은 여기에서 푸코의 『성의 역사』 제II권 이하의 전개와 대비하고 싶기 때문이다. 제I권을 간행하고 나서 7년의 침묵을 지킨 뒤, 푸코가 죽기 직전에 가까스로 두 권이 동시에 간행된 『성의 역사』 제II권(「쾌락의 활용」[15]), 제III권(「자기에의 배려」[16])은 18세기와 19세기를 대상으로 했던 제I권의 「앎의 의지」와 달리 갑자기 태도를 바꾸어 고전 고대의 섹슈얼리티와 〈자기〉와의 관계를 논해 많은 독자들을 놀라게 하고 당혹스럽게 했다. 19세기에서 그대로 현대에 이를 거라던, 예고된 당초의 계획이 철저히 바뀌었던 것이다.

아렌트가 정치적인 것에서 사회적인 것으로 이행했다는 관점을 취했던 헬레니즘기의 문제를 푸코는 『성의 역사』 II, III권에서 애써 다시 더듬어 간다. 그것은 첫째 같은 것, 대등한 것끼리의 관계를 만들어내는 기술체계technology와 그 변용을 밝히기 위해서이다. 그러므로 푸코가 봤을 때 도시국가와 가정을 관통하는 권력 기술체계technology로서의 섹슈얼리티가 (〈자기〉의 기술체계technology로서) 부각close-up된다.

물론 「앎의 의지」에서도 섹슈얼리티가 원래는 엘리트들이 자기 자신을 관리 내지 통치하는 기술체계technology로서 발달시켜갔다고 하는 것, 따라서 『감시와 처벌』에서 분석된 〈규율화規律化〉

---

15) Michel Foucault, ***HISTOIRE DE LA SEXUALITÉ, Tome 2 L'usage des plaisirs,*** Galliimard, 1984, 문경자, 신은영 공역, 나남출판, 1997.

16) Michel Foucault, ***HISTOIRE DE LA SEXUALITÉ, Tome 3 Le souci de soi,*** Galliimard, 1984, 이혜숙, 이영목 공역, 나남출판, 1997.

가, 개인을 그 신체동작으로까지 분해하여 재구성함으로써 신체에서 최대의 효과를 이끌어내려고 하는 이른바 〈해부학〉적인 권력과는 다른 것이라는 점은 지적되어 있었다. 〈규율화〉가 기본적으로는 노동하는 신체를 만들어내는 것이며 주로 엘리트(신흥지배 계급으로서의 부르주와지)와 비엘리트로서의 노동자 계급 사이의 투쟁에서 전개된 권력 기술체계technology라고 한다면, 그에 비하여 〈섹슈얼리티〉는 일단은 구舊 엘리트인 귀족과 비非엘리트인 노동자의 양방으로부터 스스로를 차별화하여 가려는 투쟁 속에서 발달해간 권력 기술체계라고 할 수 있다. 그것은 자기 자신을 경영management, 관리control, 통치government하는 기술체계이다. 자기 자신의 관리를 통하여 타자를 관리하고 또 집단을 통치하는 것이다.

규율화가 이른바 신체를 구성하는 제諸 기관을 한 번 해체한 다음 일종의 메가 머신mega machine으로 다시 배열하는 것이라고 한다면, 이는 기관적 신체라는 차원에서 사는 동물적 삶을 재편성하는 데 그치는 것이라고 말하지 못할 이유도 없다. 아렌트는 일, 다시 말해 직인職人적인 활동에는 시작과 끝이 분명하다는 특징이 있다고 지적했다. 일의 산물을 완성할 때, 바꾸어 말하면 일의 과정에서 독립적으로 자립한 일의 성과가 존재하기 시작할 때, 일은 끝난다(그에 비하여 노동은 날마다 같은 일을 반복해야 한다, 빵을 한 번 구우면 그걸로 끝이 아니라, 끝났다고 생각한 즉시 같은 일이 또 다시 반복되지 않으면 안 된다). 일에서는 그 끝=목적이 일 전체를 움직인다. 일에서는 이른바 목적인(目的因 : 무엇을 위하여 사용하는가)이 질료인(質料因 : 소재), 작용인(作用因 : 소재에 작용하는 직인과 그 도구), 형상인(形相因 : 완성된 생산물의 형상)을 긴밀하게 하나로 연결한다. 그 결과 일의 과정은 분할을 쉽게는 허용하지 않게 되어 있어서 사회적 분업을 진행시키려면 일의 노동화, 즉 목적인目的因에 의해 주어지는 통일성의 해체가 필요하다. 그와 같은 해체가 있음으로 해서 비로소 인간의 어떤 활동과정에 대하여 타자가 주도권hegemony을 쥐고, 그리고 활동을 맡은 사람의 뜻에 반反한 기술혁신을 행할 수 있게 된다.

따라서 이와 같은 규율화라는 사태는 근대사회에서는 공공公共의 공간을 동물적 삶의 원리가 차지했을 뿐만 아니라 동물적 삶에 대응하는 인간적 활동인 노동이 일이나 행위를 구축하고, 공공적, 사적 공간을 불문하고 인간이 행하는 일체의 활동이 뭔가의 의미에서 노동의 바리에이션variation으로서밖에 존재할 수 없게 되며, 정치적인 것, 또 참된 의미에서 사적인 것, 그 어느 것도 사회적인 것에 의해 압박을 받아 위기에 빠졌었다는 아렌트의 규정에 의해 충분히 이해되었을 것으로 생각된다.

그런데 아렌트의 논의에서는 섹슈얼리티라는 권력 기술체계는 어떻게 다룰 수 있을까? 그녀는 생물로서의 삶이 가지는 순환적인 성격(같은 나무가 매년 똑같이 꽃을 피우듯이 생물로서의 삶은 결코 소멸하는 일도 쇠퇴하는 일도 없이, 같은 생물의 회귀로서 그러한 반복을 통하여 존재한다)을 강조하기 위해 노동과 소비의 주기cycle도 그것이 삶의 순환을 반영하는 것으로 이해되어 버린다. 그 때문에 생산과 소비는 그 외관의 차이에도 불구하고 어느 것이나 삶의 필요에 종속된다는 점에서 거의 동일한 것으로 취급되게 된다.

사회공장

분명히 노동이라는 고역에서 해방된 자유의 공간을 풍부한 소비 행위 속에서 찾으려는 〈아메리카니즘〉 내지 포디즘Fordism체제의 번영에 뒷받침된(50년대 당시의 반공주의적) 정치사상의 비판으로서는 적절할지 몰라도, 오늘날의 우리가 보면 소비의 과정을 자본이 포섭해가는 논리와 노동과정을(혹은 모든 인간 활동을 노동으로서) 자본이 포섭하여 갔던 논리가 어떻게 분절되는가를 해명하는 차원에서는 불충분함을 부정할 수 없다. '무슨 말을 하고 있는가. 아렌트는 맑스의 위대함을 실로 잘 알고 있기는 하지만, 오히려 그 때문에 그녀만큼 맑스의 전형적인 〈근대〉적 노동관을 철저하게 비판한 사람은 없다. 〈아렌트가 맑스주의자일 리는 없으므로 그러한 〈자본에의 포섭에 대한 논리의 분절화〉 같은 것을 그녀에게서 찾으려는 것은 억지도 이만저만한 억지가 아닐 것이다'는 비판을 받아도 어쩔 수 없다.

하지만 나는 여기에서 60년대 이탈리아의 맑스주의자들이 전개했던 〈사회공장〉social factory의 개념을 떠올린다. 이것은 맑스가 쓴 『자본론』 초고草稿의 하나로 보통 〈직접적 생산의 제諸 결과〉라는 익숙한 개념에서 이탈리아의 이른바 〈노동자주의자〉들이 발전시킨 논의이다. 〈직접적 생산의 제 결과〉에서 맑스는 자본에 의한 형식적 포섭과 실질적 포섭을 구별한다. 간단히 말해 형식적 포섭이란 물건을 만드는 과정에는 자본이 개입하지 않고 완성된 생산물만이 상품으로서 시장에 투입되어 자본에 포섭되는 경우를 말한다. 한편 실질 포섭이란 물건을 만들어내는 과정 자체가 자본에 포섭되는 경우이다. 즉 구체적으로 말하면 어떤 공장이라는 구체적 공간(그 건물 자체, 고정자본이다) 속에 자본가가 구입한 생산용구나 원재료, 그리고 자본가가 고용한 노동자들(임금이라는 대가에 의해 자본가에게 매입買入된 〈노동력〉이라는 가변자본)이 배열되고, 자본가 내지 그 대리인이 생산과정을 감독하는 것이다. 생산과정의 주도권은 실제로 생산을 담당하는 직접생산자에게는 없고, 생산용구는 직접생산자에 대하여 자율성을 획득한다. 그 때 생산의 과정을 직접적으로 통일하는 것은 작업 때와 같은 목적인目的因이 아니라 오히려 공장의 건물이나 생산과정의 감시monitoring 기술체계도 포함하여 생산용구가 구현하는 기술체계technology의 기능 내지 수행성performance이다.

실질적 포섭에서는 상품의 생산 자체가 자본가가 구입한 상품의 사용 내지 〈생산적 소비〉에 의해 이루어진다. 상품에 의한 상품의 생산이다. 단지 생산에 투입되는 상품 가운데 〈노동력〉이라는 상품(그 실체는 살아있는 노동자이므로)의 〈생산〉은 자본의 통제 하에서 이루어지는 것이 아니라, 〈가정〉이나 〈학교〉라는 〈공장〉 밖의 영역에서 이루어지는 것으로 생각되었다. 바꾸어 말하면 〈노동력 상품〉에 관해서는 (공장에서 인간을 생산하지 않는 이상) 자본은 형식적으로 밖에 포섭되어 있지 않았음에 틀림없다.

그런데 60년대에 이탈리아의 〈노동자주의자〉들은 실제적 공장의 바깥도 자본의 통제 하에 있는 것이 아닌가, 사회 전체가 하나의 공장이 되어버린 것이 아닌가 하는 주장을 하기 시작했던 것이다. 분명히 상품이라 불리는 것을 전혀 구입하지 않고 생활하기란 자본주의가 아니라고 하여도 적어도 상품경제가 발달한 사회라면 불가능한 것임에 틀림없다. 그렇기는 해도 가정이나 지역공동체 같이 인간이 살아가는 데 의존하지 않을 수 없는 집단의 존속 자체는 반드시 상품의 구입과 사용에 의해 결정적으로 규정되는 것은 아니었을 것이다.

그러던 것이 특히 제2차 대전 후 대중매체의 발달을 수반한 대량소비 사회가 도래함으로써 인간관계의 모든 국면이 상품의 소비에 의해 매개되게 된 것이다. 현대사회에서 인간이 된다는 것은 가까운 누군가의 소리에 응답하는 것이 아니다. 그게 아니라 대중매체를 통하여 말을 걸어오는 상품이 유혹하는 소리에 응답하는 것이다. 인간의 〈성장〉이란 기본적으로는 상품을 소비하는 과정이 된다. 여가시간도 또한 상품의 소비라는 형태로 밖에 존재할 수 없게 된다. 사람이 자신은 아직 거기에 도달하지 않았다고 느끼는(〈여기〉는 아니다) 〈거기〉, 정신분석의 용어를 빌리면 〈자아이상理想〉은 쇼윈도우 속, 영화 스크린과 TV의 브라운관의 저편에 있는 것이지 내 곁에 있는 것은 아니다. 내 삶의 스타일은 자본의 통제 하에 놓여버렸다.

제2차 대전 후 자본주의 사회의 존재방식을 〈포디즘Fordism〉이라고 본 견해가 있었다. 〈포디즘〉을 우리 나름대로 이해하자면,

임금을 완전히 시장원리에 맡기는 것이 아니라, 자본과 노동자가 모종某種의 협상을 통하여 결정하고 자본 측이 가족을 부양하여(여성을 노동시장에서의 배제하거나, 저임금화한 것이 아마 포디즘을 가능케 하는 최초의 노자勞資 간 합의일 것이다) 일정한 소비생활을 가능할 정도의 임금을 안정적으로 보장하는 대신에 노동자 측은 노동과정에서의 주도권initiative을 포기하고 기술혁신 등의 생산성의 향상에 협력함으로써 효율이 높은 성장과 자본의 축적을 가능케 해가는 시스템인 것이다. 그리고 어느 정도의 안정된 액수의 임금이 가능하게 하는 소비생활은 노동력 상품의 재생산 과정으로서만이 아니라, 자본순환의 실현과정으로서도 무시할 수 없게 된다.

이 상황에서 노동력의 재생산 과정은 이미 자본의 밖에 있다고는 할 수 없다. 즉 그것은 이미 자본에 의해 형식적 포섭이 아니라 실제적 포섭이 되어 버렸다. 그렇게 판단한 〈노동자주의자〉들은 〈가사노동에 임금을!〉이라는 슬로건을 내걸고 노동력을 재생산하는 노동에 대한 임금요구 운동을 조직한다. 이 경우 가사노동에는 취사나 육아 등만이 아니라 섹스도 포함된다(마리아로사 달라 코스타 『가사노동에 임금을－페미니즘의 새로운 전망』[17] 및 조바나 프랑카 달라 코스타 『사랑의 노동』[18] 참조). 〈노동력 상

---

17) Mariarosa Dalla Costa, 일본어역으로 이다 구미코伊田久美子、이토 기미오伊藤公雄 역, 이자라 쇼보(イザラ書房), 1986.

18) Giovanna Franca Dalla Costa, ***Un lavoro d'amore***, Roma : Edizioni delle donne, 1978, 일본어역으로는 이다 구미코伊田久美子 역, 이자라 쇼보(イザラ書房), 1991.

품〉, 요컨대 한 사람의 인간이 내일도 공장에 일하러 나가 몇 시간인가의 노동을 해낼만한 기력이나 체력을 보충하기 위해 필요한 여러 활동이 〈노동력의 재생산 노동〉이라 해야 마땅하다. 그런데 그것은 레스토랑의 주방장이나 디즈니랜드의 아르바이트 학생, 혹은 성性산업 종사자에 의해 이루어지는 경우에는 (어느 정도) 임금이 지불되는데, 예를 들면 주부는 같은 일을 하여도 그 노동은 무급이다.

자본의 측에서 보면 (남성) 노동자에게 가족을 부양할 만큼의 임금을 지불하고 있는데 무엇이 불만이냐고 할 것이다. 그런데 여기에는 노동자는 단신單身이 아니라는 반드시 자명하다고만은 할 수 없는 전제가 있다. 즉 노동자들이 단신이 아니기 때문에 매일 밤 일이 끝난 후 술집에 몰려가, 그 날 번 몇 푼 안 되는 돈을 다 써버리는 것이 아니라, 스스로 자제하여 가족이 기다리는 집으로 총총히 돌아가고 어린이들의 장래를 위해서도 검약하고 저금을 한다. 그와 같이 자신의 삶을 배려하는 존재로서의 노동자에 논점을 맞추고 있다.

그런데 실제로는 그와 같이 부르주아 편에서 보기에 〈무절제〉하고 〈부도덕〉한 생활을 그만두는 것에 대하여 노동자들은 완강한 저항을 보였던 것이다. 그것은 노동현장에서 순종적인 신체로 자기를 규율화해 가는 것에 대한 저항으로 이어졌는데, 단순히 그것만 있었던 것은 아니었다. 거기에는 자신이 윤리적 내지 도덕적인 주체라는 것에 대한, 부르주아와는 다른 느낌의 방식이 있었을 것이다.

규율화가 노동하는 신체의 계보학이라고 한다면 섹슈얼리티는 욕망하는 주체의 계보학이라 할 수 있다(적어도 「앎의 의지」에서는). 부르주아지는 자기 자신을 도덕적인 주체로 구성하는 장면을 〈섹슈얼리티〉로 분석해 갔다. 이 〈섹슈얼리티〉는 젠더와 밀접하게 연관되어 있긴 하지만, 그것과는 구별되어야 할 독자적인 존재이다.

칸트는 우리 인간이 도덕적 법칙과의 관계를 〈명령받는다〉는 형태로 밖에 쓰지 않으며, 따라서 도덕적으로 항상 감정이 따라다니는데 그 이유는 우리의 존재가 도덕적 법칙에 대하여 외재적이기 때문이라고 지적하고 있다. 도덕적 법칙에 대한 이 수동성이 바로 인간의 자유에 대한 조건이다. 완전한 이성적 존재는 도덕적 법칙에 명령을 받지 않고, 흡사 산술의 법칙에 따르기라도 하듯이 도덕에 따른다. 인간은 도덕에 대한 수동성에 있어서 스스로를 도덕에 관여하는 존재로서 구성해야 한다. 섹슈얼리티는 이와 같은 구성의 장場이다.

성/젠더 시스템

여기에서 잠깐 〈젠더〉에 대하여 보아두자.

〈젠더〉라는 말은 영어 이외의 언어에서는 여간해서 접하기 어렵다. 남자와 여자는 어떻게 다른가, 어떻게 구별되고 어떤 대우를 받는가, 얼마나 다른 행동양식을 취하는가를 생물학적인 점에서 그 근거를 찾지 않고, 역사적, 사회적, 문화적으로 형성되어 온 차이에 지나지 않는다고 했을 때, 그와 같이 이해된 남성/여성의 차이 방식을 〈젠더〉라고 하고 있다. 이 말이 세계적으로 보급된 이유는 분명히 영어권의 페미니스트들이 일궈낸 공적이다. 그녀들은 〈성sex〉(성, 성기, 성행위, 성별 등으로 다양하게 번역할 수 있는 함의含意를 갖는다)나 〈성性(sexes)〉이라는 말로는 잘 분리되지 않는 요소(그러나 그렇다고 해서 분리된 결과가 단순하거나 이해하기 쉽다는 말은 아니다)의 존재방식을 〈젠더〉라는 말로 나타내려 한 것이다. 실제로 영어 이외의 유럽 언어에서는 〈젠더〉에 대한 역어譯語가 어딘가 안정적이지 못한 면이 있다. 최근 불어로는 〈장르genre〉가 〈젠더〉에 대한 역어로 정착되어 있다(이탈리아어나 스페인어도 마찬가지이다). 70년대의 프랑스에서는 페미니스트의 저작이나 혹은 푸코의 『성의 역사』에서도 〈젠더〉라는 말을 발견할 기회는 거의 없었을 것이다.

「앎의 의지」에서 푸코는 〈섹슈얼리티의 장치〉와 〈혼인의 장치〉라는 표현을 쓰고 있다. 이 〈혼인의 장치〉가 오늘날 우리가 말하는 〈젠더〉에 가깝다. 〈혼인의 장치〉에 관하여 푸코는 이렇게 말하고 있다. 그것은 〈즉 결혼의 시스템이며, 친족관계의 고정과 전개 그리고 이름과 재산의 계승에 대한 시스템이다.〉 이는 많은 사회에서 볼 수 있는 장치이다. 이것을 게일 루빈이 제창하는 〈성/젠더 시스템〉이라는 개념과 겹쳐보아도 될 것이다. 그녀는 인간 신체의 특징(남성 성기를 가지고 있느냐 그렇지 않느냐)을 사회의 총체가 재생산되는 과정(그것은 특별히 생식의 장면에만 한정되는 것은 아니다) 속에 개인을 배분하기 위한 기호로 바꾼다.

인간 사회는 그 대부분이 외적 성기의 형상에 의미를 부여하고 있다. 그것이 〈의미를 갖는 것〉, 즉 기호라는 것은 이러한 것이다. 특별히 외적 성기를 사용하지 않으면 불가능한 행위 이외의 장면에서도 외적 성기에 의한 인간의 분류가 작용하고 있다는 것과 〈남성 성기를 가지고 있다/여성 성기를 가지고 있다〉는 형태로 차이가 파악되지 않고, 종종 그 차이는 〈남성 성기를 가지고 있다/가지고 있지 않다〉라는 형태로 표상되는 것, 이 두 가지이다.

루빈은 성/젠더 시스템이 이른바 자연을 문화로 변형시키는 (맑스가 생각한 것 같은 의미에서의) 노동으로 보고 있다고 할 수 있다. 인간의 신체라는 〈자연적 여건〉을 사회관계 속에 편입시키는 노동이다. 즉 〈자연〉(오늘날 그것은 많은 경우 생물학적인 것으로 인정되고 있다)은 젠더의 소재이지 결코 규정요인은 아니다. 물론 신체가 사회로 편입되는 방식, 변형되는 방식은 사회나 역사의 차이에 따라 다양하다.

페미니즘의 문맥에서는 오늘날 본질주의의 비판이 활발한데, 이는 어떤 사회, 어느 시대나 젠더의 형태를 결정하는 공통적 〈본질〉이 존재한다는 사고방식에 대한 비판이다. 페미니즘에서 본질주의 비판을 주의해야 하는 것은 거기에서 비판되고 있는 〈본질〉이 단순히 생물학적인 것에 그치는 것이 아니라는 것이다.

예를 들면 본질주의에 대한 비판자로서 맨 먼저 손을 꼽을 수 있는 페미니스트로는 가장 철저한 구축주의 입장을 취하는 주디스 버틀러이다. 그녀가 본질주의라고 하며 비판을 하는 것은, 젠더를 생물학적인 성에 기반을 둔 자연적인 것이라고 주장하는 반

페미니즘의 성차별주의만이 아니다. 또 하나의 주요한 논적은 급진적 페미니즘을 표방하는 페미니스트 법학자이며 아마 미국에서에서 가장 주류인 페미니스트라고 해도 좋은 존재인 캐서린 맥키넌이다.

구축과 주체

맥키넌은 당연히 젠더를 자연스런 것이 아니라 사회적으로 구축된 것으로 보고 있다. 그렇다면 구축주의자들은 왜 맥키넌을 〈본질주의〉라고 비판하는 것일까?

맥키넌은 젠더는 생물학적인 성에 의해서가 아니라 섹슈얼리티에 의해 규정되고 있다고 한다. 이 경우 섹슈얼리티란 푸코가 규정한 바와 같이 역사적으로 형성되어 온, 인간이 자신의 행동양식이나 욕망을 해석하기 위한 해석학적인 일련의 코드라는 의미는 아니다. 맥키넌에게 있어 섹슈얼리티란 욕망이며 쾌락이다. 아니 보다 범위를 좁힌다면 그녀에게 있어 섹슈얼리티란 지배에서 쾌락을 이끌어내는 것, 단적으로 말해 사디즘Sadism을 의미한다.

맥키넌은 말한다. 객관성이라든가 보편성이라 하는 것은 실은 위장된 남성의 시점에 지나지 않는다. 남성의 여성에 대한 지배체제인 가부장제는 사회의 모든 곳에 스며들어 있어 학문이나 법이 내세우는 객관성이나 보편성조차도 포르노그라피처럼 남성에 의한 지배의 구조를 갖는다.

맥키넌의 논의는 표상을 비판한 거라고 할 수 있다. 그녀의 논리구성은 단순화하면 다음과 같이 정리할 수 있을 것이다. 표상하는 주체와 표상되는 객체가 있어 남성은 항상 표상하는 주체라는 지위를 차지하고 여성은 표상되는 객체=대상의 지위로 내몰린다. 능동성, 주체성은 남성이 독점하고, 여성에게는 수동성, 객체성 밖에 남아있지 않다. 표상하는 주체는 표상을 구축構築하는 권력을 가지며 표상될 뿐인 객체는 그 표상에 맞추어 자기 자신을 만드는 것 이외에 다른 존재의 여지는 없어져 버린다. 표상하는 주체는 자기의 욕망에 적합한 형태로 표상을 구축할 수 있는 것만은 아니다. 원래 표상을 만드는 것 자체, 타자를 자신의 욕망의 대상으로 하는 것 자체가 지배여서 그 지배 자체에 쾌락을 느끼게 되는 것이다.

이와 같은 표상 비판의 논의만을 놓고 보면 이른바 〈포스트모던〉 이론에 널리 공유되어 있는 사회구축주의와 마찬가지가 아닐까 생각될지도 모른다. 분명히 그렇게도 말할 수도 있겠다. 푸코나 들뢰즈나 데리다의 논의가 실제로 어떨까 하는 것은 제쳐두고 (아마 그들은 자신이 사회구축주의자라고는 인정하지 않을 것이다) 〈포스트모던〉으로서 유통하는, 더욱이 자유 좌파의 비판적 언설은 〈실제로 이 표상을 만든 자는 누구인가〉라는 물음, 그때까지 감춰져 있었던 〈구축하는 주체〉의 폭로를 꾀하는 물음을 통해, 이론과 정치를 접합하려고 하고 또한 이론을 가지고 정치를 창출하려는 듯이 보이는 점이 없는 것은 아니다.

그러나 너무 서두르지는 말자. 우선 맥키넌에 대한 〈본질주의〉 비판을 보아두자. 맥키넌이 보기에 남성이 표상의 주체적 위치를 독점하는 것만은 아니다. 오히려 타자를 대상(물건object)의 위치에 둠으로써 쾌락을 얻는 사람이 바로 남성이다. 젠더의 〈사회적 구축〉을 강조하는 맥키넌은 남성인가 여성인가를 규정하는 것은 생물학적인 성性이 아니라고 한다. 거기에서 그녀가 이끌어내는 결론은 사디즘을 실천하는 여성은 생물학적인 외관은 여성이어도 젠더라는 관점에서 보면 실은 여성이 아니라는 것이다.

급진적 페미니즘은 60년대의 우먼 리브의 경험에서 출발했는데 그 밑바탕을 흐르는 것은 의식의 고양consciousness raising에 대한 경험이었다. 주위의 남성으로부터 〈하찮 것 없는 것〉, 〈변변찮은 것〉이라는 말을 듣고 무시당해온 자신의 감정이나 감각, 자기 자신을 이야기할 언어마저도 갖고 있지 못하다는 〈느낌〉에 대하여 남성을 배제한 시간과 공간을 만들어내고 거기에서 남성에게 휘둘릴 염려 없이 자신들만이 이야기하고, 자기 개인적인 〈하찮 것 없는 감정〉이라고 생각하고 있던 것이 실은 널리 공유된 경험이라는 인식에 도달하여, 그것도 또한 사회적으로 만들어지고 강요된 경험이며 정치적인 과제가 되는 것이라는 것을 발견한 것이다. 〈개인적인 것은 정치적인 것이다〉라는 표어의 결실을 본 듯한 경험이다.

의식의 고양은 오늘날에도 동성애자를 비롯한 여러 마이너리티 운동에 있어 귀중한 무기이다. 그것은 이미 있는 개념으로는 아직 규정하지 못하는 경험의 다양성이 바로 인간의 해방과 그것을 위한 운동의 시작에 위치하는 것이기 때문이다. 그런데 맥키넌들은 그 경험에서 이끌어낸 정의(한 마디로 말하면 맥키넌에게 있어서 여성이란 〈가부장제의 희생자〉이다)가 이번에는 역으로 경험에 대하여 선별원리로 작용하게 되어버리는 것이다. 예를 들면 〈사디스트인 레즈비언의 경험은 여성의 경험 속에는 들어가지 않는다. 왜냐하면 그녀는 생물학적으로는 여성이어도 사회적으로는 남성으로 구축되어 있기 때문이다〉라는 식이다.

아마 여기에서 문제시해야 할 것은 경험에 있어서 주체가 어떻게 구성constitution되느냐 이지 주체가 경험이나 표상을 어떻게 구축construction하느냐 하는 것은 아닐 것이다. 〈구성〉은 훗설이나 들뢰즈가 〈수동적 총합〉이라고 한 장면에 관계되는 것이다. 맥키넌은 비인칭의 경험에서 성급하게 떠나 경험을 배타적으로 소유하는 주체에게로 향해버린다.

구성에서 본질은 효과로서 생기는데 구축에서는 그 과정을 통제control하는 것(본질)이 먼저 존재하게 된다. 이 점에서 보면 맥키넌은 본질주의자이다.

행위로서의 포르노그라피

맥키넌의 업적의 하나는 성희롱sexual harassment을 형법범죄로 이론화하고 그것을 금지하고 또한 처벌하는 법의 정비에 관여했다는 것이다. 성희롱에 대한 문제를 사회가 진지하게 다루어야 한다는 사실을 인정하게 한 것이다. 비록 맥키넌에게 비판적인 사람이어도 이점을 높이 평가하지 않는 페미니스트는 그다지 많지 않다. 그런데 그녀가 페미니스트로서 여러 가지 법적 개혁을 제창할 때에 보이는 페미니즘 법학의 체계에는 비판이 집중한다. 맥키넌은 법의 보편성이나 객관성이라 하는 것은 실은 남성의 시점에 지나지 않고 남녀의 불평등을 강화, 재생산한다고 지적하는데, 그렇다고 법의 존재 자체를 여성에게 있어서의 악이라고 하여 부정하는 것은 아니다. 페미니즘의 시점을 명시적으로 담은, 객관성을 포장하지 않는 법을 만듦으로써 법, 더 나아가서 국가는 남녀의 평등을 달성하기 위한 수단일 수 있다고 생각하는 것이다.

맥키넌과 그녀의 협력자인 페미니스트 사상가이며 작가인 안드레아 드워킨은 포르노그라피를 금지하는 법률의 규정을 목표로 운동을 계속하고 있다(포르노그라피의 금지는 표현의 자유에 저촉될 염려가 있다고 하여 자유liberal파는 포르노 금지 법안반대로 방향을 바꿔 오히려 보수파가 지지하는 형태가 되어버렸지만). 이 움직임은 영어권의 페미니즘을 반反포르노파와 반反검열파로 이분二分하는 논쟁을 불러일으켰고, 아직도 어떤 결론에 도달했다고 하기는 어렵다.

물론 맥키넌들의 포르노 금지의 논리와 보수파의 논리가 일치하는 것은 아니다. 보수파가 포르노를 〈건전한 미국의 가족도덕을 위협하는 것〉으로 보는 데 대하여 맥키넌들은 포르노를 여성의 인권침해로 고발하는 것이다. 그렇다면 왜 포르노가 여성의 인권침해인가? 예를 들면 포르노 영화의 제작 현장에서 출연자인 여성에 대하여 폭력이 행사된, 보고 싶지도 않은 포르노 사진을 동료인 남성이 억지로 보게 했다고 한다면 이해가 간다. 그런데 〈포르노 일반〉이 〈여성 일반〉의 권리에 상처를 입히는 것이라고 한다면 그것은 어째서, 어떻게 하여 그런가?

여기에 맥키넌들의 〈여성〉에 대한 정의가 효과를 발휘한다. 여성이란 가부장제의 희생자, 즉 남성의 욕망의 대상으로서 혹은 물건으로 취급되는 존재를 말하는 것이었다. 바꾸어 말하면 희생자가 아닌, 인권을 혹은 시민으로서의 권리를 침해받고 있지 않은 여성이란 거의 어의모순語義矛盾이다. 포르노그라피는 여성을 대상으로 하여 표상한다. 이 표상에 접함으로써 남성은 어떻게 여성을 욕망해야 하는가, 무릇 어떻게 하여 욕망을 품어야 하는가를 배우는 것이라고 맥키넌은 생각한다.

그녀들에게 포르노는 단지 무해한 표상이 아니다. 표상도 또한 행위이다. 표상한다고 하는 행위(이 자체가 표상되는 대상에게는 대상화의 대상이 되는 폭력이라고 이해된다)뿐만 아니라 동시에 포르노의 소비자를 표상의 주체로 내세우는 행위도 하고 있다. 포르노의 소비자(남성으로 상정되고 있다)는 포르노라는 표상을 제작한 〈구성하는 주체〉의 지위를 스스로와 동일화함으로써 여성에 대한 욕망과 폭력, 구체적으로는 강간rape을 재생산한다고 한다. 이렇게 하여 가부장제는 유지된다.

이와 같이 맥키넌들에게는 포르노그라피야말로 가부장제, 즉 남녀 간의 불평등을 재생산하는 근본에 있는 것이다. 다시 말하면 포르노는 젠더의 본질(남성이란 어떠한 것인가/여성이란 어떠한 것인가)을 규정하는 것이라고까지 말할 수 있는 위치를 차지하게 된다. 그 때문에 포르노그라피의 금지는 남녀의 평등을 실현하기 위해서는 양보할 수 없는 핵심적인 것으로 자리매김된다.

유혹하는 트라우마trauma

맥키넌과 드워킨은 이른바 우리 사회(아니면 역사상의 모든 사회일까?)를 현실화된 포르노그라피로 이해한다. 주디스 버틀러의 절친한 친구인 페미니스트 정치이론가 웬디 브라운은 맥키넌이 논하는 젠더 개념의 협소함을 비판한다. 왜 젠더가 배타적으로 섹슈얼리티에서만 규정되는가? 예를 들면 출산이나 육아라는 요소에 대하여 여성을 사회관계 속에서 종속적인 위치에 두는 규정요인이라고 하여 무시해도 좋은 것일까? 그러한 사회의 총체적인 재생산 체제 안에서의 여성의 지위까지도 모두 남성의 욕망에서 도출 가능한 것인가 하는 의문이 도사리고 있다(이 점에서 맥키넌과 가장 격렬하게 대립하는 사람은 물론 게일 루빈이다).

더욱이 브라운이 비판을 하는 것은 맥키넌들이(법을 매개로 하여) 국가에 의한 여성의 구제를 꾀하고 있다는 점이다. 맥키넌도 페미니스트인 이상, 바라는 것은 여성이 희생자가 되지 않게 하는 것이다. 그 점에 관해서는 어떠한 페미니스트 사이에서도 차질은 없다. 그런데 맥키넌이 국가란 남녀평등을 달성하기 위한 에이전시agency라고 평가할 때, 브라운은 비판하는 쪽으로 돌아서지 않을 수 없다.

확실히 미국에서는 전통적으로 보수파가 국가에 대한 비판을 하고 있다. 미국 보수주의 쪽에서 보면 세금을 걷어 복지에 돈을 들이는 따위는 거의 도덕적인 악이다. 극단적인 보수파는 연방 차원의 군대에 대해서도 부정적이다. 가족과 지역 공동체가 스스로 무장하여 자기들의 생활을 보호한다. 미국의 보수파에게는 무정부

주의anarchism로 오인하는 식의 국가 부정否定으로 통하는 부분이 있으며, 그에 비하여 자유liberal 좌파가 (복지)국가를 옹호한다. 맥키넌들의 국가에 대한 적극적인 평가의 배경에는 그러한 사정이 있다.

그런데 브라운은 사정이 그렇다고 해서 국가의 멸망이라는 형태를 취하는 인간의 전체적인 해방을 목표로 한 맑스의 이상을 포기해도 되는가, 맑스가 「유태인 문제에 대하여」에서 전개한 〈정치적 해방〉에 대한 비판의 의의를 지금 다시 한 번 더 되찾아야 하는 것이 아니냐는 질문을 던진다.

국가를 여성 혹은 일반적으로 말해서 마이너리티를 구제하는 에이전시로 인정할 때 보호받아야 하는 연약한 존재, 희생자로서의 마이너리티라는 구도는 그대로 유지되어 간다. 인간이 국가에 종속할 때에만 강해지고 능동적이 된다는 것은 있을 수 없는 일일까? 수동성에서 능동성에로의 이행 혹은 반전은 능동적인 포지션과의 동일화에 의존하는 것이 되는 것은 아닐까(그러나 이것만으로 포르노에 의해 표상의 주체가 된다고 하는 가부장제적인 남성과 같은 것은 아닐까?).

이와 같은 사태는 실은 맥키넌이 젠더를 섹슈얼리티에서 규정하는 태도에도 통한다. 단지 여기에서는 섹슈얼리티를 맥키넌처럼 타자를 규정하는 능력을 갖는(단순히 능동적일 뿐인) 욕망으로서가 아니라 「앎의 의지」에서 푸코처럼 이해해야 되기는 하지만.

섹슈얼리티는 우선 삶이란 부서지기 쉬운 것으로 보고 있다고 할 수 있다. 남성의 동성애, 여성의 히스테리, 어린이의 자위 같이 개개의 신체에 대해 주목하여 문제화하는 것은 삶의 취약함을 도대체 어떠한 권력과 앎에 종속시켜야 되는가 하는 문제와도 관련이 있다. 그것은 바꾸어 말하면 우리의 삶은 항시 그러한 취약함에 둘러싸여 있고, 그 취약함에 노출되어 있는 여러 유혹을 분류하고 예방책을 강구한다는 것이다.

우리 사회에서 하루하루를 살아나가는 것은 유혹을 이기는 것, 유혹하는 소리 속에서 살아남는다survival는 것과 같은 의미이다. 그것은 타자에게 노출되지 않고 살아갈 수 있는 장소를 확보하는 것이다. 자신이 〈누구인가〉라고 하는 것, 자신의 자신에 대한 친밀성은 타자에게로 드러나 있는 취약함으로부터 생존 내지 생환함으로써 비로소 가능해진다. 바꾸어 말하면 우리의 사회, 혹은 〈사회라고 할 만한 것the social〉의 핵심에는 〈트라우마(심적 외상 ; trauma)〉가 존재한다는 사실이 놓여있다.

예를 들면 포르노그라피의 존재는 우리가 우선 가장 먼저 욕망하도록 유혹받는 것이지, 처음부터 욕망이 도사리고 있는 것은 아니라는 것을 나타낸다. 유혹을 받고 나서 우리는 고민한다. 어느 것이 우리의 욕망이라 할 수 있는가? 어느 욕망을 나의 것으로 새삼 인정하면 좋단 말인가, 그리고 나는 누구인가. 자신이 유혹받고 있다는 것을 부인하기 위하여 우리는 유혹자와 동일화하고, 그것을 자신의 〈누구〉로 하든가 혹은 유혹자로부터 지켜주는 존재와 동일화할 수밖에 없다. 그 어느 것이든 타자에게로 종속되는 것이다. 주체가 된다는 것, 능동적인 존재가 된다는 것이 타자에게 종속하는 것과 같다는 말이다.

푸코는 고백이라는 권력의 기술체계technology를 중시했었는데, 그 이유는 고백이 수행performance이 아니라 관객이며, 관객이라기보다도 청중은 필요하지만, 누구성性을 열어 보일지도 모르는 연극은 되도록이면 억제하여, 고백하는 주체는 거의 목소리만의 존재가 되어버린 상태에서 자신이 누구인가를 이야기하기 때문이 아닐까? 섹슈얼리티란 자기 자신의 이러한 목소리를—유혹자의 목소리가 아니라—분류하는 것이라고 해도 좋을지도 모른다. 이 목소리는 오늘은 욕망에 내몰려 조금 들떠 있다, 조금 전의 목소리는 조금 침울했다, 어제는 피곤해서 목이 쉬었다 등으로 분류하는 것이다. 자신의 어조를 스스로 듣고 적절하게 대처하도록 하는 배려를 게을리 하지 않는 것이다. 자기의 어조를 스스로 조절control하지 못한다는 말은 당치도 않다.

유혹하는 목소리에 저항하려면 귀를 막아서도 안 된다. 스스로 소리를 내어 유혹하는 소리를 지우는 것이다. 자신의 목소리를 어떤 일반성의 대표representation로 만드는 것이다. 나의 목소리는 남성의 목소리이다. 나의 목소리는 일본인의 목소리이다. 나의 목소리는 교사의 목소리이다. 그 목소리는 유혹하는 목소리가 아니라 오히려 명령하는 목소리이다. 나를 유혹하는 소리, 여자의 목소리, 외국인의 소리, 동성애자의 소리, 학생의 소리는 침묵하라, 여기는 내 목소리만이 울려 퍼지는 장소이다. 자기 자신에게 은밀하게 속으로 〈자신은 누구인가〉라고 물었을 때 대답하는 목소리는 다름 아닌 이 명령하는 소리이다. 〈시끄러워, 나를 유혹하지 말라〉고.

그러나 유혹하는 목소리는 우리의 내부 깊은 곳에서 울려 퍼진다. 그것은 외부에서 찾아오는 것은 아니다. 우리는 자기 자신의 내재적 삶까지도 신경을 쓰도록 요구받고 있다. 외부의 어떤 대상에 영향을 끼칠까(무엇을 먹을까, 무엇을 부술까, 무엇을 만들까)만 배려한다고 해서 되는 것은 아니다. 단지 살고, 늙어가는 삶을 어떻게 유지할까도 배려해야 한다. 우리에게는 내재적 삶 자체가 신경을 쓰도록 말을 걸어오고 있는 것 같다.

친밀 공공권

이 장소는 어디일까? 친밀하면서 언제나 드러나 유혹에 노출되어 있다. 상처 부위에 따라서 안과 밖이 반전된 것 같은 이 공간을 무엇이라고 하면 좋을까? 아마 로레인 버란트가 『미국의 여왕 워싱턴에 가다』(듀크 대학 출판, 1997년)에서 사용했던 〈친밀 공공권〉이라는 말이 딱 어울릴 것이다. 이 책에서 버란트는 섹슈얼리티와 국가(혹은 민족Nation)을 가장 내밀하면서도 왠지 항상 외부로부터의 위협에 노출되도록 구성되는 존재라는 관점에서 논하고 있다.

가장 내밀하면서도 항상 공공적인 것, 그것은 〈감성〉의 영역, 즉 미학적 영역이다. 문학, 회화, 연극, 음악 등등, 〈감성〉을 통하여 사람들은 도야되기도 하고 상처받기도 한다. 그렇게 생각하도록 훈련을 받는다. 그러므로 정조교육이 중시됨과 동시에 (특히 어린이는) 과잉 자극으로부터 보호받을 필요가 있다고 한다. 검열이 군주의 권위 보호에서 사회에 의한 사회 자신의 보호, 즉 사람들의 감성의 보호로 기능을 바꾼다. 감성에 바탕을 둔 공공권은

검열에 의해 비로소 가능해지는 것이며, 오늘날의 반反 포르노 운동은 이 감성적인 친밀한 공공권의 충실한 구성자이다.

친밀 공공권이라는 말이 그 유효성을 유감없이 발휘하는 곳은 틀림없이 포스트 포디즘을 둘러싼 논의에서 일 것이다. 왜냐 하면 그것은 인간의 커뮤니케이션 능력, 우리가 타자에게 노출되어 있다는 우리 삶의 사실성을 생산력에 집어넣기 때문이다. 노동과정의 통일은 이미 포디즘처럼 해부학적으로 분해된 기관을 배열하는 평면 역할을 하는 기술체계technology가 보여주는 일관성은 아니다. 그게 아니라 노동자의 수행performance을 통해 덧없는 통일성(유연한 생산체제라고도 불리는데)이 형성된다. 거기에서 평가받는 것은 신체의 모든 기관이 갖는 생산력만은 아니다. 그 모든 기관이 품는 잠재력potential을 스스로 현실태現實態로 만드는 능력이 요구되는 것이다. 포디즘이라면 능력을 비축할 만큼 자기 통제가 되면 되었다(그 현실화는 타인에게 맡겨져 있었다). 그러던 것이 포스트 포디즘에서는 자기가 자기 삶의 형태를 타자를 향하여 내밀지 않으면 안 되게 되었다. 내가 자기 자신을, 자신의 내재적 삶에 대한 배려를 타자를 향하여 수행performance하는 것이다. 아렌트가 말하는 행위와 노동이 일체화되어 버린 것이다. 모든 것을 타자의 평가에 노출시켜야 한다. 행위만이 아니라 삶의 필요에 바치는 활동도 모두. 자기 자신의 삶의 향유享有조차도 타자와 함께 타자에 의해 평가받으면서 행해야 한다.

이와 같이 과잉으로 노출되어 낱낱이 드러난 삶을 어떻게 다루면 좋을 것인가? 그 가능성의 하나는 삶이 상처받기 쉽다는 것과 노골적이라는 것을 기초로 하여 정치를 생각하는 것이다. 그런데 상처받기 쉽다는 사실을 바탕으로 인간의 공동성을 재구축하도록 할 때, 우리가 빠지기 쉬운 함정은 시민권을 보장해주는 기구로서의 국가의 행동=능동에 동의同意해버리는 것이다. 특히 섹슈얼리티를 상처받기 쉬운 성질의 바탕에 두면 일은 복잡해진다. 왜냐하면 섹슈얼리티는 타인을 상처 줄뿐만 아니라 자기 자신에게도 상처를 주는 것이라는 인식이 있기 때문이다(유혹에 굴복함으로써 상처를 받을지도 모르며, 아니면 자신의 욕망이 역겹다는 사실에 상처를 받을지도 모른다). 따라서 나는 자기 자신의 섹슈얼리티로부터도 누군가에 의해 보호를 받지 않으면 안 되게 된다. 내가 안심하고 자신의 내면성을 향유할 수 있는 것도 자기 자신의 섹슈얼리티(가학적인sadistic 욕망이나 피학적인masochistic 기쁨)로부터 누군가에 의해 (국가가 고용한 심리학이나 의학의 전문가들, 혹은 기업의 상담실counseling room에 있는 상담사들) 보호를 받고 있기 때문이다. 자신의 섹슈얼리티와 시기적절하게 만나기(그렇지 않으면 상처를 받으며 자칫하면 타인에게 상처를 준다)도 전문가 없이는 불가능해진다. 우리는 자기 자신으로부터 우리를 지켜주는 존재, (국민)국가와 (시민)사회의 복합체에 종속하는 것 이외에는 달리 아무런 삶의 방식도 찾아내지 못한단 말인가?

그렇기는 하지만 왜 우리는 이렇게도 유혹받는 것에 민감해져 두려워하고 있는가? 그것을 〈자본〉의 움직임이란 차원에서 생각해가고 싶은데, 유감스럽게도 지금 단계에서는 그것을 전개 능력이 없다. 단지 벤야민이 아우라aura의 상실이라고 한 사태, 즉 생산력이라는 힘이 사물과 삶 사이에서 일종의 유사성을 만들어내는 메카니즘에 문제해결의 열쇠가 있을 거라는 〈추측〉해보는 것이 고작이다. 〈생산력의 발전〉이라는 형식의 차원에서 파악된 시간성이야말로 진정 트라우마의 시간성을 구성하는 것은 아닐까?

자기가 구성하는 공동성

유혹받는 것은 자기의 어조를 제거해버리는 것, 그리고 자기의 목소리에 합의하지 않는 것이다. 자신의 목소리를 통해 자신의 목소리에 반대하는 것, 자신의 목소리 속에서 자신의 목소리에 저항하는 것이다. 저항이란 유혹에 저항하는 것이 아니라, 오히려 유혹에 굴복하는 것은 아닐까?

「앎의 의지」의 푸코가 〈어두운 사상가〉[19]라 불리는 이유는 거기에 권력에의 종속화 이외에는 이렇다 할 주체화의 방식을 그려내지 않았기 때문이다. 권력이 행사되는 곳에 항상 저항도 있는 법이라고는 하지만 그것은 거의 자연발생적으로 〈있다〉고 밖에 말할 수 없는 것으로 우리가 저항을 조직화하기－이러한 표현이 너무나 옛날의 좌익풍이라고 한다면, 〈잘 이용하기〉란 표현을 쓰겠다－위한 아무런 단서도 없이 팽개쳐진 듯한 기분이 되기 때문이다.

19) 나카야마 겐中山元 『フーコー入門(푸코 입문)』 치쿠마 신쇼ちくま新書, 1996, 167쪽.

들뢰즈의 『푸코』도 「앎의 의지」 후의 침묵에서 일종의 막다른 길에 이르러 「쾌락의 활용」과 「자기에의 배려」에 나오는 〈자기〉를 둘러싼 논의를 하다가, 그 막다른 길에서 탈출의 선을 발견한다. 그것은 반드시 종속화assujétissement로 끝나는 것이 아닌 주체화의 선이다. 그것은 능동/수동, 촉발한다/촉발된다고 하는 역학 관계가 지각변동을 일으켜 만들어내는 주름이다.

19세기에서 고대 그리스, 로마로 거슬러 올라가는 이유는 수동/능동이라는 짝－고대 그리스라면 페니스로 관철되는 존재와 관철당하는 존재－만으로는 다 다루지 못하는 경험이 섹슈얼리티에 나타난 그 시점에서 관찰하기 위해서라고 할 수 있을 것이다. 능동과 수동이라는 짝, 혹은 촉발하는 것과 되는 것이라는 역학 관계로만 보아가면 수동적인 것이 능동적인 것과 동일화됨으로써 그 포지션을 이동해가기를 반복하며, 그럼으로써 주체화되어 가는 가학적인sadistic 반복＝종속화의 길밖에 보이지 않는다. 가학적인 주체성은 다른 누군가에게 종속되어 있는 것만은 아니다. 그것이 능동적인 이유는 누군가가 수동성의 위치에 있기 때문이다. 의존 관계가 재생산되는 한, 가학적인 주체는 자신의 주체성을 향유할 수 있다.

그런데 역학 관계가 접혀 주름을 만들 때 거기에는 자기 자신에게로 접혀진 힘, 수동도 능동도 아닌 중동으로서의 〈자기〉, 촉발하는 것도 촉발되는 것도 아닌 〈촉발될 수 있는 것과 그 자체〉로서의 〈자기 촉발〉이 생긴다. 피학적인masochistic 주체성으로서의 〈자기〉이다. 자기 자신을 향유함에 있어 타자에 의존하지 않아도 되는 그러한 자기와 자기의 만남이 예를 들면 고대 그리스의 소년애少年愛였다.

그리고 덧붙여 이야기하자면 19세기 노동자들이 자신들을 부르주아와는 다른 〈도덕의 주체〉로서 구성하려고 한 사회주의 운동도 동질적 인간들이 서로 사랑한다고 하는 곤란한 시도試圖 속에 포함될 것이다.

자기가 구성하는 공동성을 나는 공동체라고 하고 싶다. 그것은 사회적인 것과는 구별될 것이다. 공동체는 새롭게 찾아온 자(파조리니의 『테오레마』에서의 테렌스 스탬프를 떠올려 보자)에게 유혹을 받아 자기가 지금까지 걸어온 길에서 일탈하는 사람들로 구성되어 있다. 그것에 대하여 사회는 신참자新參者에게 명령한다. 조용히 해라, 내가 시키는 대로 해라. 나는 너의 모범이다. 나를 모방하라. 사회는 신참자에게는 배우지 않는다. 반대로 신참자에게 가르치려고 한다. 이런 의미에서 사회는 닫혀 있다. 그런데 공동체는 새로운 사람에게 유혹을 받아 배우는 것이다. 그러니까 공동체는 항상 열려 있다. 공동체가 개체 밑으로 오는 것이다.

르네 셰레르(그의 글쓰기는 어느 것이나 훌륭하다)는 『환대의 유토피아－환대신(歡待神 : Zeus) 예찬』[20] 에서 일반적으로 극히 평판이 나쁜 훗설의 간間주관성의 이론(타아는 자아에 의해 구성

20) René Shérer, ***Zeus hospitalier : éloge de l'hospitalité : essai philosophique***, Paris : Armand Colin, 1993, 일본어역으로는 야스카와 게이지安川慶治 역, 겐다이現代 企畵室, 1996.

된 것이라고 한다)을 옹호하고 있다. 셰레르의 논점은 중요하다. 그가 말하는 것처럼 최근의 우리들은 〈타자(다른 존재)와 만난다〉는 말만 계속해서 듣고 있다. 그런데 그러한 논의는 서로가 〈동질적인 사람〉이라면 쉽게 잘 나간다는 것을 전제로 하고 있는 것은 아닐까? 그렇지만 문학이나 영화의 분신에서 테마를 다루는 방식을 보면 알 수 있듯이 정말로 동질적인 사람이 서로 만나면 비극적인 결말을 맞이해 버린다. 동질적인 사람, 대등한 사람 사이의 사랑(베르사니의 『호모즈』에 나오는 테마의 하나)은 어떻게 하여 가능한가? 이는 결코 자명하지 않다. 동질적인 사람들의 공동체로서의 자기들 공동체는 어떻게 가능한가? 이 물음은 열려있는 채로 남아있다.

공동체는 열려 있다. 따라서 그 경계선을 그을 수는 없다. 왜냐하면 존재하는 것은 단 하나의 공동체일 뿐이기 때문이다. 그것은 〈인류〉이다. 혹은 이렇게 말해야 할지도 모른다. 인류란 유혹을 받아 사회에서 길을 잘못 드는 그 순간에 형성되는 존재라고. 푸코가 만년에 전개한 섹슈얼리티론이 여는 정치의 지평은 이와 같은 인류에의 참가를 호소하며 유혹을 잉태하고 있다. 나는 이 유혹에 응하게 될 것인가? 그리고 당신은 어떻게 할 것인가?

III 기본문헌 안내

여기에서는 본론에서 논한 것에 관계되는 기본적이라기보다는 내 개인적인 취향의 문헌을 소개하고 거기에서는 논할 수 없었던 문제에 대한 문헌도 들어 두겠다.

젠더/섹슈얼리티에 관하여

이 책은 보통의 의미에서의(혹은 어떠한 의미에서도) 젠더/섹슈얼리티의 입문서란 형태를 취한 것이 아니므로, 그 점을 보강한다는 의미에서 기본적인 문헌을 조금 들어 두겠다.

우선은 **게일 루빈**의 것. **「여자들에 의한 교통－성의 '정치경제학'」**,[21] **「성을 생각한다－섹슈얼리티의 정치에 관한 급진적인 이론에 대한 메모」**,[22] **「성의 교역交易」**.[23] 루빈의 논의는 젠더와 섹

21) Gale Rubin, The Traffic in Women : Notes on the 'Political Economy' of Sex, 『겐다이 시소現代思想』, 세이도샤青土社, 2000, 일본어역으로는 나가하라 유타카長原豊.

슈얼리티에 관하여 가장 잘 정리되어 있어 설득력이 있다.

다음으로 이브 코조프스키 세지윅 『**옷장 속의 인식론－섹슈얼리티의 20세기**』,[24] 그리고 주디스 버틀러의 『**젠더 트러블－페미니즘과 아이덴티티의 교란**』,[25] 그리고 세지윅의 『**남자들 사이에서**』[26]와 버틀러의 저서에 의해 영어권에서의 젠더/섹슈얼리티를 둘러싼 새로운 패러다임이 창출되었다고 해도 과언은 아니다. 그녀들의 공통점은 호모포비아(homophobia : 동성애 혐오)를 근대사회에서의 구성적인 권력관계로 강조했다는 것이다.

『**남자들 사이에서**』를 맨 처음 읽었을 때의 감동을 잊을 수 없다. 젠더(자신이 남자인지 여자인지, 바꾸어 말하면 아버지와 같은 그룹에 속하는지 어머니와 같은 그룹에 속하는지)가 인간의 아

---

22) Ibid, Thinking sex: notes for a radical theory on the politics of sexuality(in Vance, Carol (Ed), ***Pleasure and Danger: Exploring Female Sexuality***; Routledge; Boston; 1984, 일본어역으로는 가와구치 가즈야河口和也(해제도 포함), 『겐다이 시소現代思想』, 세이도샤靑土社, 1997년 임시 증간호「총 특집 레즈비언/게이 스타디스Studies」가 있으며, 또 여기에는 중요한 논문의 번역이나 좌담회의 내용이 실려 있다.

23) 주디스 버틀러Judith Butler에 의한 인터뷰, 키이스 빈센트Keith Vincent, 일본어역은 가와구치 가즈야河口和也, 『겐다이 시소오現代思想』, 세이도샤靑土社, 1997년 12월호.

24) Eve Kosofsky Sedgwick, ***Epistemology of the closet***, University of California Press, December 1991.

25) Judith Butler, ***Gender Trouble: Feminism and the Subversion of Identity***, Routledge＝1999)(Kazuko Takemura(Translation). ***Jenda toraburu: feminizumu to aidentiti no kakuran***. 세이도샤靑土社, 1999.

26) Eve Kosofsky Sedgwick. ***Between Men: English Literature and Male Homosocial desire***, New York: Columbia University Press, 1985, 172-173쪽.

이덴티티로서 중요한 의미를 갖는다는 사실은 여러 사회에서 볼 수 있는데, 자신이 욕망을 품는 대상의 성별까지도 마치 젠더/아이덴티티에 자연스럽게 수반되는 것이기 라도 하듯이 아이덴티티의 한 구성요소로 되어 있다는 사실은 근대사회의 특유한 사항이라고 세지윅은 말한다. 그와 같은 섹슈얼 아이덴티티(자신의 욕망하는 대상에 입각한 아이덴티티)가 어떻게 형성되어 왔는가를 영국문학을 소재로 하면서 르네상스에서 19세기까지 거슬러 올라간 것이 『**남자들 사이에서**』이며, 20세기를 논한 것이 『**옷장 속의 인식론－섹슈얼리티의 20세기**』이다.

버틀러는 대단히 우수한 사람이며 원래는 철학을 한 사람이었다(그녀가 맨 처음 쓴 책은 프랑스에서의 코제브 이래 헤겔의 수용을 다루었다). 굳이 결점을 지적한다면 그녀가 머리가 좋다고 하는 사실일 것이다. 그녀는 되도록이면 보편적인 답을 도출하려고 하므로 나와 같은 헤테로hetero 섹슈얼인 남자도 자기 자신의 존재에 대한 불안을 느끼지 않고 그녀의 이론에 뛰어들 수 있었다. 물론 이것은 그녀의 문제가 아니라, 그녀를 이용하여 젠더/섹슈얼리티를 둘러싼 논의 속으로 자기 자신의 방침을 바꾸지 않고 몰래 잠입하려고 하는 〈주류mainstream〉쪽의 문제이다.

루빈, 세지윅, 버틀러의 논의가 관여하고 있는 것은 젠더와 섹슈얼리티는 실제로는 어떻게 관계하는가 하는 점이다. 이는 젠더는 가부장제와 밀접하게 결합되어 있으니까 페미니즘의 문제이며, 섹슈얼리티는 호모포비아와 관계하고 있으니까 성적 마이너리티에 대한 해방운동의 문제라는 식의 일종의 〈영역분할〉에 의해 답을 이끌어낼 수 있는가 하는 문제이다. 물론 그녀들은 이와 같은 단순한 〈영역분할〉은 인정하지 않을 뿐 아니라, 급진적 페미니즘radical feminism처럼 모든 것을 가부장제로 환원하지도 않는 길을 찾고 있는 것이다.

그러한 점에서 그녀들이 비판하는 맥키넌, 드워킨과 더 나아가 그 영향 하에 있는 사람들의 것을 다음에서 들어두겠다.

우선 캐서린 맥키넌Catherine A. MacKinnon에 관하여 말하면, 뭐니 뭐니해도 주저인 『**페미니스트 국가이론을 향하여**』[27]가 중요하다. 그녀는 이 저서에서 맑스주의의 계급이론을 페미니즘에 어프로프리어트appropriate(영유, 유용, 횡령)하려고 하고 있다. 맑스주의에서 피억압자의 계급은 원래 생산양식이라는 경제적 관계에 우선하여 존재하고 있는 것이 아니라, 특정의 생산양식에 기초하여 산출된다. 맑스주의라는 생산양식에 상당하는 것이 가부장제로, 계급이 젠더라고 하면 노동에 해당하는 것이 성이라고 맥키넌은 이해한다. 맑스주의자들은 노동자 계급의 해방이란 노동자의 (착취적인) 노동에서 해방되는 것이며 노동자 계급은 소멸되는 것이 바람직하다고 본다. 그와 마찬가지로 페미니즘도 가부장제라는 성에 기초한 착취=지배의 관계를 끊고, 젠더에서 해방된 평등한 사회를 지향해야 한다는 것이 극히 개략적으로 요약한 맥키넌의 주장이 될 것이다.

이미 일본어로 번역되어 있는 맥키넌의 저작으로는 『**페미니즘과**

---

27) Catherine A. MacKinnon, ***Toward a Feminist Theory of the State***, Harvard U.P., 1989.

표현의 자유』,28) 『**포르노그라피**』29)가 있다. 후자는 원제가 『*Only Words*』이며 포르노그라피가 단순한 말이나 표상이 아니라, 사람에게 상처를 주는 〈언어행위〉를 논하고 있다.

안드레아 드워킨의 저작은 상당수 번역되어있다. 여기에서는 『**인터코스－섹스의 정치학**』30)와 『**포르노그라피 : 여자를 소유하는 남자들**』31)의 둘을 들어둔다.

또 맥키넌 등의 영향을 받은 작업으로는 주디스 헬만Judith Hellman의 『**트라우마와 회복**』32)이 있다. 본서는 PTSD(트라우마心的外傷 후 스트레스 장애), 즉 트라우마trauma에 의한 장애의 기본문헌이다. PTSD가 정신의학적인 질병단위로서 인정받게 된 데에는 페미니스트의 열렬한 운동이 한 몫을 하였다.

단지 PTSD의 개념이 확대되어감에 따라 비판도 일어났다. 비판은 두 가지 입장에서 이루어졌다. 하나는 치료therapy의 과정에서 되살아난 기억에 의해 유아학대의 용의로 자기 자식에게 고발당한

---

28) Ibid, ***Feminism unmodified : discourses on life and law***, Harvard Unversity Press, 1987, 일본어역으로는 오쿠다 아키코奥田曉子 외(外) 역, 아카시 쇼텐明石書店, 1993.

29) Ibid, ***Only Words***, Harvard University Press, 1993, 일본어역으로는 가키노키 가즈야柿木和代, 아카시 쇼텐明石書店, 1995.

30) Andrea Dworkin, ***Intercourse***, New York : Free Press, 1987, 일본어역으로는 데라사와 미즈호寺澤みずほ 역, 세이도샤青土社, 1989.

31) Ibid, ***Phornography : men possessing women***, 일본어역으로는 데라사와 미즈호寺澤みずほ 역, 세이도샤青土社, 1991.

32) Judith L. Herman, ***Trauma and recovery***, New York : Basic Books, 1992, 일본어역으로는 나카이 히사오中井久夫 역, 미스즈 쇼보みすず書房, 1996, 증보판 1999.

부모들을 중심으로 만들어진 〈억압된 기억〉의 허위성을 주장하는 〈허위기억증후군 재단(財團)〉에서 페미니스트의 치료사therapist의 가치관으로부터 가족도덕의 수호를 주창하는 보수주의적인 흐름이다(기억에 관한 인지과학적 연구로 알려진 로프터스Geoffrey R. Loftus & Elizabeth F. Loftus는 그 협력자이다).

또 하나는 맥키넌 등의 여성(과 어린이)를 보호해야 하는 연약한 존재, 희생자로만 보는 견해에 대하여 비판적인 페미니스트들인데 루스 리스Ruth Leys로 대표된다. 그녀의 논문은 **「진짜 미스 뷰챔－젠더와 모방의 주체」**[33](주디스 버틀러, 존·W 스콧 편 **『정치적인 것에 대한 페미니스트들의 이론』**). 리스와 긴밀한 협력관계에 있는 과학사가科學史家인 이안 해킹이 억압된 기억의 결과 생긴다고 하는 〈다중인격〉이란 개념을 비판적으로 검토한 **『기억들을 다시 쓴다－다중인격과 마음의 메카니즘』**[34] 등이 있다.

맥키넌의 동료들 이야기로 돌아가자, 맥키넌으로 대표되는 미국의 주류main stream 페미니즘은 일반적으로 〈백인 중심주의적〉이라고 간주되기 쉬운데, 〈인종〉, 민족ethnicity의 논의를 하는 페미니즘 그룹에도 맥키넌의 영향력은 강하다. 그 대표는 비판적 인종이론Critical Race Theory을 제창하는 마리·J·마츠다이다(나는 일본어

---

33) Ruth Leys, "The Real Miss Beauchamp : Gender and the Subject of Imitation", in Judith Butler, Joan W · Scott, eds, ***Feminists Theories the Poitical***, Routledge, 1992.

34) Ian Hacking, ***Rewriting the soul : multiple personality and the sciences of memory***, Princeton, N.J. : Princeton University Press, 1995, 일본어 역으로는 기타자와 이타루北澤格 역, 하야카와 쇼보早川書房, 1998.

의 법학 상황에 어두워서 그녀의 논의가 어느 정도나 번역 소개되어 있는지는 모른다). 그녀는 헤이트 스피치(hate speech ; 차별적 언설에 의한 인권침해)를 언어행위론을 통하여 이론화하고 있다.[35] 그렇게 함으로써 인종적 마이너리티ethnic minority나 성적 마이너리티에 대한 차별의 문제와 맥키넌 등의 포르노그라피 비판을 연결해간다. 나는 마츠다의 논의를 아직 잘 소화하지 못하여 맥키넌의 가부장제에 상당하는 것은 그녀에게 있어 무엇인가 혹은 사회의 총체를 구조화하는 권력의 제도를 그녀가 처음부터 상정하였는가 어땠는가는 파악하지 못하였다.

또 주디스 버틀러의 『**촉발하는 언어－퍼포머티브의 정치성**』[36]는 맥키넌의 『**포르노그라피**』와, 또 그것 이상으로 마츠다의 논의를 비판한 책이다. 버틀러가 의거하는 것은 쇼샤나 펠만(『**말하는 신체의 스캔들**』,[37] 『**목소리의 회귀－영화 『쇼어』와 〈증언〉의 시대**』[38])나 캐시 카루스(『**트라우마의 탐구**』[39])에 의한 언어행위와

---

35) Mari J. Matsuda et al., ***Word that wound : critical race theory, assaultive speech, and the First Amendment***, Boulder, Colo : Westview Press, 1993.

36) Judith Butler, ***Excitable Speach : A Politics of the Performativity***, Routledge, 1997.

37) Shoshana Felman, ***Le Scandale du corps parlant : Don Juan avec Austin, ou, la seduction en deux langues***, Editions du Seuil, 1980, 일본어역으로는 다츠카와 겐지立川健二 역, 게이소 쇼보勁草書房, 1991.

38) Ibid, “The Return of the Voice: Claude Lanzmann’s Shoah” in Felman, Shoshana and Laub, ***Dori Testimony: Crises of Witnessing in Literature, Psychoanalysis and History***, New York: Routledge 1992. 일본어역으로는 우에노 나리토시上野成利, 사키야마 마사키崎山正毅, 호소미 가즈유키細見和之 역, 오타太田출판, 1995.

트라우마를 둘러싼 이론이다.

맥키넌이나 드워킨에 격렬히 대립하는 페미니스트로서는 또 한 사람, 패트 캘리피아를 들어두지 않으면 안된다. 『퍼블릭 섹스－도발하는 급진적인 성』[40]이다. 캘리피아는 포르노를 옹호하고 섹스 워커와 함께 싸우는 레즈비언 SM 페미니스트, 단지 미조구치 아키코溝口彰子에 의하면 〈FTM(여성-남성 이라는 트랜스섹슈얼)에서 게이인 연하의 젊은이 매트와 최근에 약혼 파티를 거행하고 함께 살고 있다는 것[41]〉이다.

여기에서 눈을 프랑스로 돌린다. 『**30억의 도착자－르셀슈 12호에서**』,[42] 기 오캉겜 『**호모섹슈얼한 욕망**』,[43] 게다가 오캉겜의 파트너였던 르네 셰레르의 『**환대의 유토피아－환대신 Zeus예찬**』[44]과 『**노마드의 유토피아－2002년을 기다리며**』[45]를 들 수 있는데,

---

39) Cathy Caruth, ***Trauma : explorations in memory***, Johns Hopkins University Press, 1995, 일본어역은 시모코베 미치코下河辺美智子 감역, 사쿠힌샤作品社, 2000.

40) Pat Califia, ***Public sex : the culture of radical sex***, Cleis Pr., 일본어역으로는 아즈마 레이코東玲子 역, 세이도샤青土社, 1998.

41) 미조구치 아키코溝口彰子, 「일본의 '대중문화계 레즈비언 운동가'가 USA에서 퀴어queer 이론을 배우면－제2회 : 나의 '레즈비언 아이덴티티'를 구축하고 있는 것은 무엇일까?」, 『Image Forum』 신장간(新裝刊) 제1호, 1999.

42) 익명 저자, 이치다 요시히코市田良彦 편역, 펠릭스 가타리 협력, Impakuto Shuppankai, 1992.

43) Guy Hocquenghem, ***Le désir homosexuel***, Puf 1972, 일본어역은 세키 오사무關修감수, 가쿠요 쇼보學陽書房, 1993.

44) René Schérer, ***Zeus hospitalier : éloge de l'hospitalité, Paris : Armand Colin***, 1993, 일본어역은 야스카와 게이지安川慶治 역, 겐다이 기카쿠시츠現代企畫室, 1996.

셰레르는 68년의 정신을 가장 좋은 형태로 유지하고 있다. 어떻게 하면 그와 같은 글쓰기가 가능할까? 그저 〈부럽다〉는 말 한마디 밖에는 할 말이 없다.

이하는 지면의 형편상, 코멘트 없이 연대순으로 들어둔다. 가케후다 히로코의 『**〈레즈비언〉이라고 하는 것**』[46]이다. 이다 히로유키 『**성차별과 자본제－독신 단위 사회의 제창**』,[47] 키이스 빈센트Keith Vincent, 가자마 다카시風間孝, 가와구치 가즈야河口和也 『**게이 스타디스**』,[48] 후지메 유키 『**성의 역사학－공창제도, 수태죄 체제에서 매춘방지법·우생보호법 체제로**』,[49] 졸편 『**파는 신체/사는 신체－섹스워크론의 사정(射程)**』[50]이다. 이다 히로유키 편저 『**섹스·성·세계관－새로운 관계성을 찾는다**』,[51] 모모카와 모모코 「**섹스워커의 관점에서 본 피임약**」,[52] 가기타 이즈미鍵田いずみ, 마코 센뇨麻姑仙女외 「도

45) René Schérer, ***Utopies nomades : en attendant 2002***, Paris : Seguier, 1996, 일본어역은 스기무라 마사아키杉村昌昭 역, 쇼라이사松籟社, 1998.

46) 가케후다 히로코掛札悠子, 『「レズビアン」である、ということ』, 가와데쇼보신사河出書房新社, 1992.

47) 이다 히로유키伊田廣行, 『性差別と資本制 : シングル單位社會の提唱』, 게이분사啓文社, 1995.

48) 세이도사青土社, 1997.

49) 후지메 유키藤目ゆき, 『性の歷史學 : 公娼制度・墮胎罪体制から賣春防止法 優生保護法体制へ』, 후지不二출판, 1997.

50) 다자키 히데아키田崎英明編, 『賣る身体/買う身体 : セックスワーク論の射程』, 세이큐사青弓社, 1997.

51) 이다 히로유키伊田廣行編著, 『セックス・性・世界觀 : 新しい關係性を探る』, 호리츠문카사法律文化社, 1997.

52) 모모카와 모모코桃河モモコ, 「セックスワーカーから見たピル」, 『インパクションImpaction』 105호, 1997.

덕적 섹스란 무엇인가—욕망이 언어를 획득할 때』,[53] 가토 슈이치 『**성현상론—차이와 섹슈얼리티의 사회학**』[54] 세키 오사무関修, 기타니 무기코木谷麦子편 『**알고 있다고 생각하고 있는 당신을 위한 섹슈얼리티 입문**』,[55] 고도 히로코 『**「제국주의」를 감지하다**』,[56] 도사 히로유키土佐弘之 『**글로벌/젠더 폴리틱스—국제관론과 페미니즘**』[57]이 있다.

삶-정치와 포스트 포디즘을 둘러싸고

삶-정치의 기본문헌은 우선 발터 벤야민의 『**폭력비판론 외 10편**』[58]을 들어두지 않으면 안된다. 이 논문에서 벤야민은 〈생명의 귀중함〉이라는 비교적 최근에 출현한 도그마의 역사를 해명할 필

---

53) 가기타 이즈미鍵田いずみ・麻姑仙女ほか「道徳的セックスとは何か— 欲望が言葉を獲得するとき」, 『겐다이시소』現代思想, 1997, 12월호.

54) 가토 슈이치加藤秀一, 『性現象論 : 差異とセクシュアリティの社會學』, 게이소쇼보勁草書房, 1998.

55) 세키 오사무, 기타니 무기코關修, 木谷麥子編, 『知った氣でいるあなたのためのセクシュアリティ入門』, 나츠메쇼보夏目書房, 1999.

56) 고도 히로코後藤浩子, 『「帝國主義」を感知する』, 『겐다이시소現代思想』 1999, 7월호.

57) 도사 히로유키土佐弘之, 『グローバル/ジェンダー・ポリティクス : 國際關係論とフェミニズム』, 교토 : 세카이시소샤京都 : 世界思想社, 2000. 7.

58) 暴力批判論 : 他十篇 / ヴァルター・ベンヤミン著 : 노무라 오사무野村修編譯, 이와나미분코岩波文庫 및 아사이 겐지로淺井健二郎 역, 『독일비극의 근원(ドイツ悲劇の根源)』 下, ヴァルター・ベンヤミン著, ***Ursprung des deutschen Trauerspiels***, Asai Kenjiro淺井健二郎 역, 도쿄 : 치쿠마쇼보東京 : 筑摩書房・치쿠마 가쿠게이 분코ちくま學芸文庫, 1999. 6에 수록.

요를 야기하고 있다.

다음으로 본문에서 몇 번이나 언급한 한나 아렌트의 『**인간의 조건**』59)이 중요하다, 아렌트의 『인간의 조건』은 그녀가 거기에서 거의 손을 뗀 것에 가까운 상태로 평가하고 있는 두 사람의 동시대인 여성, 즉 이삭 디네센(카렌 브릭센)과 시몬느 베이유와 함께 읽을 필요가 있을 것이다. 이것은 나의 심한 억측이지만, 삶-정치와는 다른 선－그것을 여기에서 우선 〈마조-정치〉 라고 불러두자－을 베이유에서 이끌어 낼 수 없을까 하고 생각하고 있다, (특히 『**노트 4**』60)는 에너지의 탕진 끝에 출현하는 공동성에 대하여 기술하고 있어 감동적이다).

아렌트론으로는 보니 호닉 편 『**한나 아렌트와 페미니즘－페미니스트는 아렌트를 어떻게 이해했는가**』61)가 흥미로운 논문이 모여 있고 훌륭하다. 그리고 개인적으로는 자크 타미뇨 『**트라키아의 여자와 직업적 사상가－아렌트와 하이데거－**』62)가 아렌트론 및 아렌트-하이데거 관계를 논한 것으로는 알기 쉬웠다. 그리고 사이

59) Hannah Arendt, ***The human condition***, University of Chicago Press, 1958, SHIMIZU Hayao志水速雄 역, 도쿄 : 치쿠마쇼보東京 : 筑摩書房・치쿠마 가쿠게이 분코ちくま學芸文庫, 1994. 10.

60) Simone Weil, ***Cahiers d'amérique et notes écrites àlondres***, 도미하라 마유미富原眞弓 역 미스즈쇼보みすず書房, 1992.

61) Bonnie Honig, ***Feminist interpretations of Hannah Arendt***, Pennsylvania; The Pennsylvania State University Press, 1995, 오카노 야요岡野八代, 시미즈 기요코志水紀代子 역, 미라이샤未來社, 2001.

62) Jaegues Taminiaux, ***The Thracian Maid and the Professional Thinker : Arendt and Heidegger***, tr. and ed. by Michael Genre, State University of New York Press, 1997.

토 쥰이치의 『**공공성**』[63]도 아렌트에서 삶-정치로 이어지는 선을 그려내고 있다.

삶-정치의 기본문헌으로는 물론 푸코의 『**성의 역사 I : 앎의 의지**』[64]이다. 그것과 70년대 후반 이후의 푸코 논의를 좇으려면 현재 번역 간행 중인 『**미셸 푸코 사상집성**』[65]의 완결을 기다려야 할 것이다.

일본어로 읽을 수 있는 푸코론은 신서판(예를 들면 본문에서도 인용한 나카야마 겐 『**푸코 입문**』[66]도 포함하여 지금은 상당수에 이를 것이다. 내가 푸코에 대하여 생각할 때 언제나 되돌아오게 되는 곳은 들뢰즈의 『**푸코**』[67]이다.

그리고 삶-정치를 생각하는 데 있어 귀중한 책을 또 하나 들어두면 프리모 레비의 『**물에 빠지는 자와 구조되는 자**』[68]일 것이다.

삶-정치론을 오늘날 가장 많이 전개하고 있는 사람은 이탈리아의 철학자 죠르지오 아감벤이다. 일단 영역으로 들어두면 『호모

---

63) 사이토 쥰이치齋藤純一, 『公共性』, 도쿄 : 이와나미쇼텐東京 : 岩波書店, 2000. 5.

64) 와타나베 모리아키渡辺守章 역, 신쵸사新潮社, 1986.

65) 고바야시 야스오小林康夫 외편, 치쿠마쇼보筑摩書房, 1998년부터. 프랑스어로는 Michel Foucault, Dits et écrits(Gallimard, 1994)로서 두꺼운 4권의 책으로, 단행본 이외의 논문이나 인터뷰, 좌담회 내용 등이 모여 있다.

66) 나카야마 겐中山元, 『フーコー入門』, 치쿠마신쇼ちくま新書, 1996.

67) Gilles Deleuze, ***Foucault***, 일본어역은 우노 구니이치宇野邦一 역, 가와데쇼보신샤河出書房新社, 1999.

68) Primo Levi, ***I sommersi e I salvati***, 일본어역은 다케야마 히로히데竹山博英, 도쿄 : 아사히 신분샤東京朝日新聞社, 2000.

사켈』[69]과 『아우슈비츠의 유물』[70] 및 『목적 없는 수단』[71]과 영어판이 독자적으로 편집된 논문집 『포텐셜리티스』[72]가 있다.

아감벤은 이탈리아어판 벤야민 전집의 감수자이며, 스스로 『파사쥬론』을 번역하였는데, 또 동시에 하이데거의 제자기도 해서(60년대에 하이데거가 행한 토르의 세미나에 참가하였다), 고대·중세 철학에 대한 해박한 지식을 종횡으로 구사하여 현실적actual인 문제를 논하는 철학자이다. 그의 키워드의 하나는 벤야민의 「폭력비판론」에 나오는 〈드러난 삶〉이다. 〈드러난 삶〉－예를 들면 난민의 삶이나 강제 수용소의 피수용자의 삶－에서 정치라는 것을 다시 생각하는 것이 그의 여러 저작을 관철하는 한 오라기의 단서이다.

〈드러난 삶〉은 오늘날 어떻게 편성되어 있는가 ? 그것을 논하는 것 중 하나는 〈스펙터클의 사회〉론이다. 그것은 상황주의를 제창한 기 드보르의 『**스펙터클 사회**』[73]에 의해 제시된 이론이다. 50년 때부터 60년대에 걸쳐 집필된 『스펙터클 사회』는 전후 유럽의 소

---

69) Giorgio Agamben, ***Homo Sacer***, Stanford U.P., 1998[이탈리아어 오리지날에서 일본어로 번역한 일본어판은 다카쿠와 가즈미高桑和巳에 의해 근간예정]

70) Ibid, ***Remnants of Auschwitz***, Zone Books, 1999.

71) Ibid, ***Means without Ends***, Stanford U.P., 2000. 이탈리아어 원본에서 번역한 일본어역은 『인권의 저편에－정치철학노트』 [다카쿠와 가즈미高桑和巳 역, 니시타니 오사무西谷修해설, 이분샤以文社, 2000]

72) Ibid, ***Potentialities***, Stanford U.P. 1999.

73) Guy Debord, ***La société du spectacle***, 일본어역으로는 기노시타 마코토木下誠 역, 헤이본샤平凡社, 1993, 한국어역은 『스펙타클의 사회』, 이경숙, 현실문화연구, 1996.

비사회화, 매스미디어의 발달을 배경으로 하고 있다. 드보르는 더 나아가 80년대에 들어가면, 그 후의 자본주의와 미디어의 상황을 발판으로 하여 『**스펙터클 사회에 대한 주해**』[74]를 출판했다. 드보르가 중심이 되어 제2차 대전 후의 유럽사회에서 전개된 상황주의 인터내셔널(앙테르나쇼날 시츄아시오니스트)에 대해서는 그 문서의 번역이 『**앙테르나쇼날 시츄아시오니스트**』 전6권[75]으로 간행되어 있으므로 그쪽도 참조했으면 한다.

사회의 스펙터클화란 인간의 커뮤니케이션 능력 자체－즉 인간이 세계나 타자를 향해 열려있다고 하는 것－가 상품화되어 스펙터클이라는 물상이 되어 우리 곁에 찾아오는 사태이다. 그렇게 되면, 우리는 자기의 커뮤니케이션 능력의 행사에 대하여 단지 관객으로서 밖에 참가할 수 없게 되는 것이다.

이와 같은 커뮤니케이션 능력 자체로부터의 우리의 소외를 포스트 포디즘에 있어서 노동 상황의 특징으로 보고 있는데, 〈노동자주의〉operaismo, workerism(일본에서는 〈아우트노미아〉[자율파]로서 그 대표자인 안토니오 네그리의 이름과 함께 80년대에 소개되어 아마 지금도 영향력을 갖고 있는 몇 안 되는 유럽 맑스주의이다)의 흐름을 탄 현대 이탈리아의 철학자들에게 공유된 인식이다. 그 대표자로는 파오로 뷔르노와 아우그스트 일루미나티를 들어두자. 영어로

---

74) Ibid, ***Commentaires sur la société du spectacle suivi de Préface à la quatrième édition italienne de "La Société du spectacle"***, 기노시타 마코토木下誠 역, 겐다이시쵸사現代思潮社, 2000.

75) 『アンテルナシオナル・シチュアシオニスト』, Tokyo : Impact Shuppankai, 1994~2000.

읽을 수 있는 것으로서 파오로 뷔르노, 마이클 하트 편 『**이탈리아의 급진사상**』76)이 있다. 이 논문집의 일본어역으로는 안토니오 네그리 「**구성적 공화국**」, 파오로 뷔르노 「**너는 반혁명을 기억하고 있는가?**」,77) 아리사 델 레 「**복지국가와 여성**」78)이 있다.

이탈리아어로는 파오르 뷔르노79) 『**세계성－감성적 경험과 공공권사이의 〈세계〉에 대한 이념**』, 『**말에 의해 말을**』,80) 『**현재의 기억－역사적 시간에 대한 시론**』81) 및 아우구스트・일루미나티 『**정치적 수련－한나 아렌트에게 네 가지 별견(瞥見)**』,82) 『아베로에스와 공공적 지성－이븐 르슈드 「영혼론」 주해 발췌집』,83) 『우애의 극장－정치적 행위에 메타퍼』84)가 있다.

---

76) Paolo Virno et Michael Hardt, eds., ***Rachical Thought in Italy : A Potential Politics***, Minnesota U.P., 1996.

77) 이들은 『겐다이시소現代思想』 1997. 5월호에 수록.

78) 『겐다이시소現代思想』 2000, 3월호에 수록.

79) Paolo Virno, ***Mondanita ; l'idea di ≪mondo≫ traexperienza sensible e sfera***, Manifestolibri, 1994[프랑스어역은 Paolo Virno, Miracle, virtousité et ≪déjà vu≫; I trois essais sur l'idée de ≪mondo≫, L'éclat, 1996]

80) Ibid, ***Parole con parole ; Poteri e limiti del linguaggio***, Donzelli, 1996.

81) Ibid, ***Il ricordo del presente : saggio sul tempo storico***, Bollati Boringhier, 1999[프랑스어역은 Paolo Virono(Le souvenir del présent : essai sur le temps historique, l'éclat]

82) Augusto Illuminati, ***Esercizi politici : guattro su Hannah Arendt*** Manifestolibri, 1994.

83) Ibid, ***Averroé e l'intelletto publico : antologia di scritti di Ibn Rushd sullánima***, Manifestoribri, 1996.

84) Ibid, ***Il teatro dell'amicizia : metafore dell'agri politico***, Manifestolibri, 1998.

포텐샬리티를 둘러싸고

삶을 드러내는 것이 과격한 자극(혹은 〈자극의 존재〉 그 자체)에서 삶을 보호하는 것인(감각 및 운동의) 여러 기관이 벗겨져, 직접 자극(세계나 타자)에 노출되어 있는 것이라는 것을 이해할 수 있다면, 그것을 다름 아닌 눈과 귀라는 감각기관에 의존하지 않는 어떤 감각, 즉 영혼에 대한 자기 자신의 작용에 대한 감각의 문제와 겹쳐져 간다. 여러 감각의 대상을 받아들일 수 있다고 하는 영혼의 유연성Flexibility에도 이어지는데, 아마 영혼의 존재를 어떻게 생각하는가, 영혼이 존재하고 있다는 것은 어떠한 것인가. 언제 영혼은 존재한다고 할 수 있는가, 요컨대 아리스토텔레스의 『**영혼론**』[85] 제3장의 논점에 관계되어 있다. 아리스토텔레스의 술어로서의 〈뒤나미스/에네르기아〉를 어떻게 이해하는가 하는 것이다.

이것에 관해서는 직접적으로는 『영혼론』은 아니고 『형이상학』에 대한 강의인데, 소분샤創文社판 『**하이데거 전집**』 제33권 『**아리스토텔레스 「형이상학」 제9권 1-3**』[86]을 참조(또한 하이데거에 있어서 삶의 개념에 대해서는 데이빗 파렐 크렐 『**다이몬의 삶－하이데거－과 생철학**』[87]이 주의 깊게 논하고 있다. 『**영혼론**』에 대

---

85) Aristotle, *Περι ψυχησ*, 일본어역은 구와코 도시오桑子敏雄 역 『*心とは何か*』 고단샤講談社 학술문고.

86) Martin Heidegger, ***Aristoteles, Metaphysik Θ 1-3 : von Wesen und Wirklichkeit der Kraft***, 일본어역으로는 이와타岩田・아마노天野・시노자와篠澤・Baldrian, K. 역, 1994.

87) David Farrell Krell, ***Daimon Life : Heidegger and Life-philosophy***, Indiana U.P., 1992.

해서는 프랑스의 현상학자인 장 루이 크레티앙의 **「신체와 접촉」** (**『부름과 응답』**[88]에 수록)도 참고했다.

이탈리아 철학자들은 『영혼론』 제3장에서 논의된 바와 같은 〈감각의 감각〉이나 〈공통감각〉 그리고 〈지성〉이 작용하는 장면에서 자본에 의한 포섭이 전면화하고 있는데 현재의 포스트 포디즘 단계의 자본주의라고 생각하고 있다. 그러므로 앞에서 예로 들었듯이 일루미나티는 아베로에스의 이탈리아역을 낸다.

뷔르노쪽은 주로 언어철학을 통하여 잠재성virtuality내지 포텐샬리티의 문제를 논한다. 소쉬르에서 비롯된 구조언어학은 언어에 관하여 랑그langue, 빠롤parole, 랑가쥬langage를 구별하였다. 보통은 랑그가 구조로서의 언어이며, 빠롤은 개개의 발화, 랑가쥬는 일종의 언어능력으로 이해된다. 그런데 랑그란 빠롤을 과거에 투영한 〈가능한 것〉에 지나지 않는 것인지 아니면 빠롤과 전혀 다른, 일종의 순수과거이며 잠재적인 것인지, 혹은 빠롤과 랑그, 그리고 랑가쥬의 사이에서 생각할 수 있는 시간성이란 어떠한 것인지, 뷔르노는 언어에 관하여 이러한 질문을 던지는 것이다, 이는 맑스가 〈노동력〉이라든지 〈생산력〉이라는 형태로 생각하고 있었던 〈힘〉의 해방적인 잠재력을, 이 포스트 포디즘과 글로벌리제이션의 한가운데에서 즉 영혼의 밑바닥이 물상화 되는 가운데에서 지배적인 그것과는 다른 〈경향〉으로 이해하기 위한 작업인 것이다.

일본에서도 언어의 잠재성 문제는 마에다 히데키가 베르그송과

88) Jean Louis Chrétien, "Le corps et le toucher", in ***L'appel et la réponse***, Minuit, 1992.

들뢰즈와 소쉬르에 의거하면서 가장 정교한 형태로 논의하였 있다. 마에다 히데키 『**언어의 어두움을 헤치고**』,[89] 『「**언어의 존재론적 기초」에 대하여**』,[90] 마에다 히데키의 잠재성을 둘러싼 논의를, 예를 들면 히라타 기요아키 『**경제학 비판에의 방법서설**』[91]에서 전개하고 있다. 맑스의 『**경제학 비판 요강**』[92](『자본론』) 57~58년 초고)이나 『**자본론**』(히라타 기요아키는 『자본』이라고 번역했다)에서 잠재력의 논의와 대조해볼 필요가 있는 것 같다.

잠재성은 또 〈의미〉나 〈사태〉와도 깊이 연결되어 있다. 들뢰즈의 『**의미논리학**』[93]이 중요하기는 하지만, 나에게는 들뢰즈는 여전히 이해가 안 된다. 프랑스어로 읽어도 전혀 감당할 수 없었다(영역 쪽이 그래도 읽기 쉬웠지만). 의미나 사태는 비물체적인데, 확실히 실재實在하고 있다. 스토아학파에서부터 중세의 유명론唯名論을 거쳐 퍼스나 럿셀이나 퍼트넘에 이르기까지, 아마 논리학에는 이러한 사태의 실재론, 비물체적인 것에 대한 유물론의 계보가 있음에 틀림없다. 예를 들면 (과거의) 〈전쟁〉이나 〈학살〉이라는 사태는 지금 어떻게 실재하고 있는가. 사태가 갖는 고유의 실재성,

---

89) 마에다 히데키前田英樹, 『言語の闇をぬけて』, 쇼시야마다書肆山田, 1994.

90) 우노 구니이치宇野邦一편 『ドゥルーズ横断(들뢰즈 횡단)』 가와데쇼보신샤河出書房新社, 1994에 수록.

91) 히라타 기요아키平田清明, 『經濟學批判への方法叙說』, IwanamiShoten 岩波書店, 1982.

92) Karl Marx, **Grundrisse der Kritik der politischen Ökonomie (Rohentwurf)** : 1857~1858.

93) Gilles Deleuze, ***Logique du sens***, 오카다 히로시岡田弘, 우나미 아키라宇波彰 역, 『意味の論理學』, 호세이 다이가쿠法政大學出版局, 1987.

지금 살아있는 우리들이 〈의미〉로서(지향성에 의해) 구성하고 있는 것이 아닌 실재성을 논하는 것이 의미의 논리학이다. (〈의미의 현상학〉은 결코 아니다). 지향intentio 이 아니라 대시(代示suppositio)에 입각한 의미의 이론을 전개한 것으로는, 야마우치 도쿠류 **『의미의 형이상학』**[94]도 참조.

그리고 잠재성에 대한 분야의 탐구로서 들어두어야 할 것은 인지에 대한 생태학적 접근, 요컨대 제공성affordance의 이론이다. 사사키 마사토 **『지성은 어디에서 생기는가－다윈과 제공성』**[95]을 참조하기 바란다.

제공성의 이론에 의하면 생물에게 있어서 의미는 환경 속에 잠재적인 형태로 실재하고 있다. 산다는 것은 그 의미를 현실화 하여 가는 것이다. 동물이든 식물이든 생물은 언제나 떨고 있다. 생물의 생존＝실존existence이란 이 떨림이며, 이 떨림을 통하여 환경과 자신 속에 있는 절대적 기억－지면에서는 걷는 것을 물에서는 헤엄치는 것을, 바람 속에서는 나는 것을, 그리고 빛에서는 보는 것을－현실화 하여 그것을 표현한다.

사사키의 이 책은 다윈이 죽기 전에 출판한 지렁이에 대한 책[96]을 출발점으로 하여 생물의 몸이 갖추는 지성－고대 철학이

---

94) 야마우치 도쿠류山內得立 『意味の形而上學』, IwanamiShoten岩波書店, 1967.

95) 사사키 마사토佐々木正人, 『知性はどこに生まれるか』, 고단샤 겐다이 신쇼講談社現代新書, 1996.

96) Charles Darwin, ***The formation of vegetable mould through the action of worms***, with observations on their habits, London : John Murray, 1881, 일본어역은 와타나베 히로유키渡辺弘之 역 『ミミズと

라는 〈영혼의 가장 고귀한 부분〉—을 밝혀간다. 지렁이가 흙을 파는 행위는 자기 자신의 실존을 향유하는 것이며 자기의 존재를 관상觀想하고 있는 것이다.

〈아는 것〉에는 각각 대응하는 기관이 있다. 그런데 〈생각하는 것〉(지성의 행동)에는 고유의 기관이 없다. 아렌트가 강조하는 것처럼, 〈아는 것〉은 〈생각하는 것〉은 아니다. 인간은 종종 〈아는 것〉에는 뛰어나도 〈생각하는 것〉이 불가능할 수도 있다. 들뢰즈가 『푸코』에서 지적하듯이 〈아는 것〉은 지층을 형성하는데 〈생각하는 것〉은 오히려 두더지이거나, 다윈적으로는 지렁이여서 지층 속의 부드러움의 차이라는 잠재적인 것에 따라서 파나간다(또한 들뢰즈의 생물학적 사고에 대해서는 고이즈미 요시유키 『**들뢰즈의 철학 : 생명, 자연, 미래를 위하여**』[97]가 가장 정확한 입문역할을 해준다.

정신분석의 선

정신분석의 인간학적인 전제란 아래와 같다. 인간은 태어났을 때에는 신경계가 아직 성숙해 있지 않으므로 공복 등의 불쾌감이나 외계로부터 덮쳐오는 위기를 자력으로 회피하지 못하는 〈속수무책〉helplessness의 상태에 있다. 이때 갓난아기는 환상fantasy, phantasme

土(지렁이와 흙)』, 헤이본샤 라이브러리平凡社ライブラリー, 1994.

97) 고이즈미 요시유키小泉義之 『ドゥルーズの哲學 : 生命・自然・未來のために』, 고단샤 겐다이신쇼講談社現代新書, 2000.

을 발달시킴으로써 이 상태에서 살아남는다. 갓난아이에게 외계는 자신에게 위해危害를 가하려는 존재이므로, 그것을 먹음으로써 파괴하고 자기에게 동화하는 것이다. 자기의 내부에서 오는 불쾌(공복 등)도 외계에서 투영되어 밖에서 가해지는 위해로 느껴진다. 갓난아이의 〈살아남게 된 세계〉는 이와 같이 공격성에 차 있다. 외계는 자기를 공격해오며, 자기도 그것에 공격으로 응수한다. 세계의 존재, 혹은 단적으로 말해 존재 그 자체에 대한 인간 최초의 관계는 증오인 것이다.

그런데 이와 같은 현상을 발달시키는 원래의 〈속수무책〉상태 이윽고 아이에게 자기는 타자 없이는 살아갈 수 없다(살아남을 수 없었다)는 것을 알아차리게 한다. 그 결과 지금까지는 증오의 대상이었던 외계(의 적어도 일부)를 사랑하지 않으면 안 되게 된다. 최소한 그 부분은 파괴하지 않도록 해야 한다. 정신분석이 이해하려고 하는 것은 미움을 사랑으로 전환하기 위하여 인간이 기울여온 노력, 바친 희생의 총체(〈문화〉라고 불리는 것)이다. 프로이트는 우리문화의 밑바닥에는 섹슈얼리티가 즉 증오와 사랑 사이의 상호전환 과정이 있다고 생각했던 것이다.

따라서 정신분석의 질문은 〈왜 무無가 아니고 존재가 있는가〉라는 형이상학적 질문(〈왜 신은 이러한 세계의 존재에 견딜 수 있는가〉)의 인간학 버전이라 할 수 있다. 〈왜 인간은 세계의 존재에 타자의 존재를 견디며 살 수 있는가〉라고 정신분석은 질문을 던진다. 이점에서 정신분석은 회의론과 반대로 움직인다(그러므로 회의론을 중시하는 카벨 같은 사람에게 있어 정신분석은 빼놓을 수 없다). 물론 유태인이었던 프로이트는 그 때문에 대학에서 지위를 얻을 기회도 없었고, 평생 한 사람의 개업의開業医로서 지내야 했으며, 특히 만년에는 나치스의 대두를 눈앞에 두고 현대사회가 타자의 존재를 견딜 생각이 없다는 것을 충분히 이해하고 있었다.

존재는 거부할 수도 없이 나를 압도하고 있다. 따라서 내가 할 수 있는 것은 기껏 그것을 부인하든가 페티쉬에 의한 현실의 힘의 중화화=중성화 같은 것일 것이다. 페티쉬는 여러 가지 형태를 취할 수 있다. 자아, 페니스, 모피, 의복, 채찍, 시, 회화, 영화 등등, 살기 위하여 우리는 무엇인가를 사랑하는데 그것은 페티쉬의 형성과 마찬가지인 것이다.

정신분석의 이러한 측면을 이해하기 위하여 필요한 프로이트의 저작에서 기본적인 것은 『**꿈의 해석**』[98]과 2권의 선집 『**자아론집**』[99]에서 충당할 수 있다. 그 이외에는 「**비애와 우울**」(오늘날에는 종종 「상실과 우울」이라고 번역된다)이 진분쇼인人文書院판 프로이트 저작집 제6권에 실려 있다.

또 멜라니 클라인의 「**사랑, 죄로서의 보상**」[100]과 「**불안과 죄악**

---

98) Sigmund Freud, ***Die Traumdeutung***, 다카하시 요시타카高橋義孝 역, 신쵸분코新潮文庫, 1969, 한국어역은 영역본 The Interpretation of Dreams. Trans. and ed. James Strachey. London: Hogarth Press, 1953을 번역한 『꿈의 해석』 상·하, 프로이트 전집 5·6, 김인순, 열린책들, 1997이 있음.

99) Ibid, ***Gesammelte Werke***, Imago, 1940, 나카야마 겐中山元 편·역, ChikumaShobo筑摩書房, (Chikuma GakugeiBunko), 1997.

100) Melanie Klein, ***Love, guilt and reparation and other works, 1921~1945***,

감의 이론에 대하여」, **「유아의 정서생활에 대한 두세 가지 이론적 결론」**[101]도 중요하다(또한 들뢰즈의 **『마조흐와 사드』**[102] 및 『의미의 논리학』에는 클라인에 대한 흥미로운 독해가 이루어지고 있다).

그리고 뭐니뭐니해도 레오 베르사니이다. 나의 정신분석이해는 전면적으로 그의 영향을 받고 있다. 그의 프로이트 이해의 기본선은 **『프로이트적 신체－정신분석과 미학』**[103]에 제시되어있다. 그는 섹슈얼리티란 그 본질에 있어서 마조히즘이며, 순수의 공격성, 따라서 섹슈얼이 아닌 쾌락인 사디즘을 자기 자신에게 다시 향하게 하여 자기 파괴를 향유한다는 점에서 섹슈얼리티가 생기는 것이라고 한다. 그가 역점을 두는 것은 섹슈얼리티는 공동 주관성과는 관계없다는 것이다. 오히려 순수하게 타자 없는 경험이라는 점에 있다. 우리가 타자를 죽이지 않아도 되는 것은 섹슈얼리티에 의해 타자 없이 살아갈 수 있게 되기 때문이다. 그리고 자기란 파

メラニー・クライン著作集 3『愛、罪そして償い : 1933~1945』도쿄 : 세이신쇼보東京 : 誠信書房, 1983. 8.

101) Ibid, Envy and gratitude and other works(1946~1963), 모두 メラニー・クライン著作集 4『妄想的・分裂的世界 : 1946~1955』도쿄 : 세이신쇼보東京 : 誠信書房, 1985. 5.

102) Gilles Deleuze, ***Présentation de Sacher-Masoch : le froid et le cruel***, HASUMI Shigehiko蓮實重彥 역, 1973, 한국어역은 영어판 Deleuze, Gilles. ***Masochism: An Interpretation of Coldness and Cruelty***. Trans. Jean McNeil. New York: G. Braziller, 1971를 번역한 『매저키즘』, 이강훈, 인간사랑, 1996이 있음.

103) Leo Bersani, ***Théorie et violence : Freud et l'art***, Paris : Seuil, 1984, 나가하라 유타카長原豊 역 세이도샤靑土社, 1999.

괴와 같다. 즉 조각조각 단편화 된 그 조각과 조각 사이의 거리를 긍정함으로써만 자기의 존재를 이해할 수 있는 것이다.

베르사니는 『프로이트적 신체』 이후, 마조히즘의 정치적 함의, 타자 없이도 살아갈 수 있으므로 타자와 공존할 수 있다는 공동성에 대하여 고찰을 심화하여 간다. 그에게 있어 자기-타자의 관계는 결코 대등해질 수는 없다. 거기에는 폭력밖에 없다. 대등한 것은 이 경우의 자기는 〈자기파괴〉의 엔진으로서의 〈자기〉가 아니라. 〈자기파괴〉〈그 자체〉라는 의미에서 〈자기〉이다. 그것은 아무것도 전할 수 없는 사람들의 공동성이다.

커뮤니케이션의 좌절 이외의 아무것도 공유하지 않는 공동체를 생각할 수 있을까? 아마 작품(작업)이라고 불리는 것은, 이와 같은 공동체의 출발점이 되는 것이다.(이것은 율리스 뒤트와와의 두 권의 공저 『**쇠약화의 여러 예술**』,[104] 『**카라 바지오의 비밀**』[105]에서 한층 더 발전시켜 전개되는 선이다). 아렌트의 마조히즘적 해석? 사실 그는 『**호모즈**』[106]에서 아렌트의 〈사회적인 것〉에 대한 비판의 의의를 이해하는 것은 〈퀴어queer를 표방하는 쥬디스 버틀러나 마이클 워너 등, 일종의 다원주의(라크라우, 무후나 코노리의 급진적 민주주의를 생각하라)와 연결된 이론가들보다도 자기 쪽이라

---

104) Leo Bersani et Ulysse Dutuit, ***Arts of Impoverishment : Beckett, Rothko, Resnais***, Harvard U.P., 1993.

105) ibid, ***carvaggio's secrets***, MIT Press, 1998

106) Ibid, ***Homos***, Harvard University Press, 1995, 일본어역은 HUNAKURA Masanori船倉正憲 역 『ホモセクシュアルとは』 호세이 다이가쿠法政大學出版局, 1996.

는 것을 시사하고 있다.

게이의 섹슈얼리티, 즉 섹슈얼리티가 가지는 포텐셜은 그것이 사회적인 것을 파괴한다는 점에 있다. 「직장直腸은 무덤인가?」[107]에서 베르사니는 맥키넌이나 드워킨의 섹슈얼리티 이해를 절찬하고, 섹스를 비폭력적인 것으로 간주하려고 하는 페미니스트나 레즈비언, 게이의 이론가들을 비판한다. 예를 들면 앞에서 든 『젠더 트러블』에서 쥬디스 버틀러가 젠더의 규범을 패러디화하고 있는 것이라고 말하고 있다. 패러디에 현존의 사회관계나 권력관계를 전복하는 포텐셜리티를 보고 있는 것이다. 퍼포먼스를 퍼포먼스로 연기함으로써, 자연스럽게 본질로 생각되고 있는 것(남자라는 것이나 여자라는 것)이 구성된 것에 지나지 않는 다는 것을 폭로하는 전략이다. 이와 같은 전략은 SM의 비폭력성을 강조하는 사람들(푸코도 포함하여)에게 공통되고 있다. 자기가 놓여있는 위치를 〈제스처〉라는 형태로 자신의 존재에서 분리할 수 있으면, 거기에서 자유의 공간이 열리는 셈이다.

베르사니는 이러한 입장을 비판한다. 그것은 사회관계 속에서 포지션을 바꾸는 것에 지나지 않는 것은 아닐까 하는 의심이 들기 때문이다. 섹스를 비폭력적인 것으로 보고 싶어 하는 이들의 이론가들은 베르사니의 입장에서 보면 섹스가 갖는 포텐셜리티를 지워 없애고 있는 것이다. 그에 의하면 섹슈얼리티는 사회 속에서 사람들이 서로 포지션을 바꾸기도 하고 아니면 기껏해야 포지션 3

107) 사카이 다카시酒井隆史 역, 『Hiyo Kukan批評空間』 제2기 8호에 수록.

사이의 위치를 조금만 변경하는 데에만 관여하는 것은 아니다. 오히려 그것은 사회란 별도의 관계를 만들어내는 것이다. 섹스는 분명히 폭력이기 때문에 혁명적인 것이다.

이와 같은 베르사니의 입장에 가장 가까운 페미니스트는 레즈비언 페미니스트를 자칭하는 테레사 데=로렌티스일 것이다. 그녀도 베르사니와 닮아서 맥키넌을 섹슈얼리티(이 경우는 욕망)에 의거해 젠더를 규정했다는 점에서 평가한다. 거기에서 데=로렌티스가 거론하는 과제는 여자의 욕망을 어떻게 적극적으로 말하는가 하는 것이다.

예를 들면 앞에서 든 세지윅 『남자들 사이에서』는 동성의 사이에서의 성 관계를 의미하는 〈호모섹슈얼〉과 동성간의 욕망의 순환구조인 〈호모 소샬을 개념적으로 구별함으로써 적어도 근대적 가부장제는 이성애로 위장된 남자들의 사이의 감춰진 동성애 따위가 아니라, 오히려 미소지니(여성혐오)와 호모포비어(동성애 공포)가 불가분해진 〈호모 소샬〉한 체제라는 것을 나타낸 획기적인 저작이다. 이것에 의해 남성 동성애자의 해방운동과 페미니즘과의 공동투쟁의 논리를 연 것이다. 그런데 이에 비하여 데 로렌티스는 게이인 남성과 남성애의 페미니스트가 손을 잡고 엄격한 비판을 하고 있다.

그녀 자신은 『**사랑의 실천**』[108]에서 여자를 대상으로 하여 욕망하는 여자의 욕망의 다른 욕망의 구조(남자의 여자에 대한 욕망,

---

108) Teresa de Lauretis, ***The Practice of Love : Lesbian Sexuality and Perverse Desire***, Indiana U.P., 1994.

남자의 남자에 대한 욕망, 여자의 남자에 대한 욕망)로는 환원 불가능한 그 고유성을 논하고 있다.

베르사니와 데 로렌티스에 공통되는 것은 다원주의적인 다의성(그것은 종종 일반적인 개념의 순열 조합이며, 〈누구성〉이다)의 칭찬에 의해 오히려 자기 고유의 존재(그것을 〈아이덴티티〉라고 하는 것에는 우리는 주저를 느낀다)가 말살되어 버리는 것에 대한 분노이다.

공동체를 둘러싸고

『카라바지오의 비밀』은 합중국의 급진적인 미술잡지의 대표격의 하나 **『옥토버October』**의 총서인 옥터버 북스의 한 권으로 간행되었는데 그 출판에 앞서 **『옥토버』** 본지에 베르사니의 인터뷰가 게재되었다. 거기에서 그는 아감벤의 공동체론(**『도래하고 있는 공동체』**[109])에의 관심을 표명하고 있다.

아감벤은 거기에서 〈아이덴티티 없는 단독성〉, 〈임의(아무것이나 상관하지 않는 것)〉만에 기초한 공동성을 구상하고 있다. 뭔가의 속성에 기초하여 귀속이 결정되는 공동성이 아니라 오히려 모든 속성에 대한 무관심이라는 점에서 비로소 파악되는 개물성個物性, 즉 그것이 그자신이라는 사실의 분유分有에만 기초를 둔 공동

109) 영역은, Giorgio Agamben, ***Coming Communty***, Minnesota U.P., 1993. 일본어영역은 이탈리아어로 졸역으로 임팍트 출판회에서 근간예정

체이다.

이와 같은 〈아무것도 공유하고 있지 않은 것에서의 공동체〉이론의 계보는 장 뤽 낭시 『**무위의 공동체－철학을 다시 묻는 분유의 사고**』,[110] 모리스 블랑쇼 『**밝힐 수 없는 공동체**』,[111] 혹은 알퐁소 링기스의 『**아무것도 공유하고 있지 않은 사람들의 공동체**』[112]를 들 수 있을 것이다.

또한 링기스는 일본에서는 그다지 알려져 있지 않을지도 모르지만, 앞에서 하이데거를 언급한 곳에서 이야기한 클레르와 나란히 미국의 현상학자 중 가장 독특한 인물의 한 사람이다. 메를로 퐁티의 『**보이는 것과 보이지 않는 것**』이나 레비나스의 『**전체성과 무한**』, 『**존재하는 것과는 달리**』 등의 영역자로 알려져 있는데, 들뢰지언이기도 하며 또 아시아나 라틴 아메리카를 여행하고는 오리엔탈리즘에 충만한 시선과 선진국에서 온 여행자로서 글로벌리제이션에 의한 궁핍화의 현장을 참관하는 무력함에 분노, 이 두 가지를 한 데 엮어 묶으면서 일종의 존재론적 에세이류를 쓰고 있다.

국제적인 현상학자의 학회지에 브라질의 거리로 내몰린 아이들 Street Children이나 페루의 일본대사 공저 점거사건에서 특수부대에 학살당한 투팍 아마르의 게릴라에 관하여 글을 쓴 사람은 링기스

---

110) Jean-Luc, Nancy, ***La communauté désœuvrée***, 일본어역은 니시타니 오사무西谷修, 야스하라 신이치로安原伸一朗 역, 이분샤以文社, 2001.

111) Maurice Blanchot, ***Communauté inavouable***, 니시타니 오사무西谷修 역, 도쿄 : 아사히東京 : 朝日出版社, 1984. 10.

112) Alphonso Lingis, ***The community of Those Who Have Nothing in Common***, Indiana U.P., 1994.

정도가 아닐까? 그가 묻고 있는 것은 즉 선진국에서 제3세계로 여행이 가능한 풍요로운 인간과 제삼 세계의 가장 가난한 계급의 인간 사이에, 바꾸어 말하면 약탈, 살인과 목숨까지도 잃을 정도로 빼앗기고 있는 마당에(세계은행이나 IMF혹은 WTO 같은 것과는 다른) 어떠한 공동체가 가능하겠느냐는 것이다.

링기스의 다른 저서로는 『**과잉－에로스와 문화**』,[113] 『**죽음에 묶인 주관성**』,[114] 『**이물질**』,[115] 『**위험한 정동**』[116] 등이 있으며 메를로 퐁티, 레비나스, 프로이트, 들뢰즈, 푸코등의 논의를 발판으로 독특한 신체론을 전개하고 있다. 또 페미니스트인 엘리자베스 그로스는 『**휘발성의 신체－신체적 페미니즘을 향하여**』[117]에서 링기스 신체론의 훌륭함을 절찬하고 있다.

블랑쇼, 바타이유, 들뢰즈, 아감벤이라는 선에서 공동체의 문제를 생각하려고하면 토마스 칼월의 『**근원적 수동성－레비나스, 블랑쇼, 아감벤**』[118]이 있다. 『근원적 수동성』이 바치고 있는 상대의 한사람인 스티븐 샤비로의 『**수고와 과잉－블랑쇼, 바타이유, 및 문학이론**』[119]

---

113) Alphonso Lingis, ***Excesse: Eros and culture***, State University of New York Press, 1983.

114) Ibid, ***Deathbound Subjectivity***, Indiana U.P., 1989.

115) Ibid, ***Foreign Bodies, Routledge***, 1994.

116) Ibid, ***Dangerous Emotions***, University of California Press, 2000.

117) Elizabeth Grosz, ***Volatile Bodies : Toward a corporeal feminism***, Indiana U.P., 1994.

118) Thomas Carl Wall, ***Radical Passivity : Levinas, Blanchot, and Agamben***, State Universiy of New York Press, 1999.

119) Steven Shaviro, ***Passion and Excess : Blanchot, Bataile, and Literary Theory***, Florida state U.P., 1990.

과 『**시네마적 신체**』[120]도 흥미롭다. 또 샤비로의 인터넷상의 홈페이지 (URL=http://www.dhalgren.com/Doom/index.html)에서 그의 새로운 저작이나 서평, 영화평 등을 자유로이 다운로드할 수 있다. 게다가 『근원적 수동성』에 서문을 쓰고 있는 윌리엄 프레쉬의 「근접성과 권력—셰익스피어적 및 극적 공간」도 영화를 일종의 무위공동체로 파악하는 논점을 내고 있다. 그리고 빌 레딩스 『**폐허속의 대학**』[121]은 낭시나 아감벤을 넣어서, 대학을 〈이의를 제기하는 공동체〉로서 생각하려고 하고 있다.

비트겐쉬타인으로부터 공동체를 보려고 한다면 **스탠리 카벨**을 참조해야 한다. 〈**비트겐쉬타인 후기 철학의 이용가치**〉[122]에서는 후기 비트겐쉬타인의 문체의 문제를 무시하고서는 그의 철학을 이해할 수 없다는 지적이 이루어지고 있다. 〈무엇무엇 하고 싶어지다〉라는 표현이나 복수적 목소리의 개입은 비트겐쉬타인 철학이 이성과 이성을 유혹하는 목소리와의 대화편이라는 점을 나타내고 있다. 그것도 이성을 유혹하는 목소리(회의론)에 대하여 이성은 논리적으로 반박하여 이기는 것이 아니라는 것을 카벨은 설득적으로 논하고 있다. 또 『**일상성을 찾아서—회의론과 낭만주의**

---

120) Ibid, ***The Cinematic Body***, Minesota U.P., 1993.

121) Bill Readings, ***The university in ruins, Harvard University Press***, 1996, 일본어역은 아오키 겐靑木健 역, 호세이 다이가쿠法政大學出版局, 2000. 6.

122) Stanley Cavell, 'The Availability of Wittgenstein's Later Philosophy", in ***Must We Mean What We Say?***, Cambridge U.P., 1969.

의 여러 가지 선』[123]도 참조하기 바란다.

카벨의 일본어역으로는 **「몰락에 저항하는 것」**[124]과 **「일상성에의 회귀－미국의 목소리, 나의 목소리」**[125]가 『겐다이시소現代思想』 1998년 1월호(특집 비트겐쉬타인)에 실려 있다. 카벨론으로는 여러 가지 중에서 영국의 철학자인 레비나스와 데리다의 전문가인 사이먼 크릿칠리의 **『아주 적은…거의 조금도 없는－죽음, 철학, 문학』**[126]을 들어 둔다.

지금 말하고 있는 자기의 목소리에 동의하지 않는다－자기가 이미 놓여 있는 이야기의 상황에 동의하지 않는다－는 민주주의적인 공동체의 근본을 이루는 테마에 대하여는 베게트 없이 생각할 수 없다(크릿칠리의 책 후반은 베게트론으로 아도르노나 카벨이라는 베게트 비평에서는 반드시 인용하는 사람들을 논하고 있다). 또한 직접적으로는 비트겐쉬타인론도 카벨도 아닌데, 유혹하는 목소리의 문제를 생각하기 위해서는 〈성 푸코〉라는 장을 포함하는 제프리 고트 하팜 **『문화와 비평에 있어서 금욕적 명법』**[127]이 중요하다.

---

123) Ibid, ***In Quest of the Ordinary : Lines of Skepticism and Romanticism***, University of Chicago Press, 1988.

124) 사이토 나오코齋藤直子 역.

125) 청취, 번역 : 사이토 나오코齋藤直子.

126) Simon Critchley, ***Very Little···Almost Nothing : Death, Philosophy***, Literature, Routeledge, 1997.

127) Geoffrey Galt Harpham, ***The Ascetic Imperative in Culture and Criticism***, University of Chicago Press, 1987.

후기(後記)

섹슈얼리티가 나에게 이론적으로 의미를 갖는 이유는 그것이 고통을 쾌락으로 바꾸며 또한 증오를 사랑으로 바꿈으로써 사람에게 생존을 가능케 하기 때문이며, 또한 개체화와 공동성이 바로 거기에서 형성되기 때문이다. 기본문헌에서 들어 둔 베르사니, 아감벤, 링기스, 카벨로 이어지는 선이다. 거기에 최근 다시 읽은 들뢰즈의 『푸코』의 영향이 오버랩되어 생겨난 〈망상〉(이렇게 말하는 이유는 여전히 나에게는 푸코도 들뢰즈도 전혀 이해가 안 되기 때문에)으로부터 이 책은 탄생하였다. 강조해두어야 할 것은 섹슈얼리티는 〈자기〉의 존재와 관계되는 것이지 인간의 분류에 관계하는 것이 아니라는 것이다. 섹슈얼리티를 분류에 기초한 집단으로의 귀속원리라고는 간주하지 않는다는 것이다. 본서는 거의 이런 것만을 다루었다.

그 결과 젠더에 대해서는 허술해져버렸다. 『젠더/섹슈얼리티』라는 서명에 이끌려 본서를 잡은 분에게는 미안한 일을 하였다. 거기에 덧붙여 타르코프스키의 영화 『스토커stalker』에 나오는 〈스토커〉(뭔가 〈사건〉이 일어난 듯한 〈구역zone〉으로 불리는 침입금지의 장소로 사람을 안내하는 잠입 안내자로서 미지의 에너지에 의한 소멸을 회피하기 위함인지 리본을 맨 넛트를 내던지고는 지그재그로 앞으로 나아간다)처럼 나는 왠지 똑바로 앞으로 나아가지 못하겠다.

그 때문에 해독이 어려워졌을 것에 대해 사과하고 싶다.

그렇다고는 하지만 글을 쓰는 사람은 자신이 쓴 글이 마치 처음으로 대하는 언어로 쓰인 것처럼 의미불명이었으면 하는 바람도 있으므로(글쓰기는 자신의 목소리를 다른 말을 담는 그릇으로 삼는 것이며, 그리고 더 나아가서는 그 그릇을 부수는 것이다), 나로서는 재독하여 이해 가능한 부분이 대부분이라는 사실을 억울하게 생각해야 할지도 모르겠다.

본서 집필에 있어서는 여러 사람에게 폐를 끼쳤다. 친구인 시인이며 재빨리 〈사고의 프런티어〉 시리즈를 완성한 호소미 가즈유키細見和之씨는 반절 이상이나 되는 부분을 어이없어 하면서도 여러 가지로 글 쓰는 방법을 어드바이스해주셨다. 니시 마사히코西成彦씨는 내가 글을 쓰지 못하고 지렁이에 동화되어 꿈틀거리고 있었을 때(덧붙여 다윈은 어딘가에서 괭이 따위로 실수로 지렁이를 잘라 버리면 몸을 움츠려 뒤틀며 꿈틀거리는데, 그 이유는 아픔 때문인지는 모르겠다고 극히 냉정한 관찰을 기술했었다), 지렁이 이야기를 재미있어 하며 들어주셨다. 결국 본서에서는 미생물에서 이야기를 시작했기 때문에 지렁이까지는 진화할 수 없었다. 유감이다. 언젠가 신 플라톤주의자이며 마조히스트인 지렁이에 대하여 쓸 수 있었으면 한다.

또 몇 개인가의 연구회에서 함께 하는 미즈시마 가즈노리水嶋一憲씨와 쿠니시게 유타카國重裕 씨에게도 지렁이 이야기를 하였다. 간사이關西에 옮겨오고 나서 쿄토에서 열리는 연구회의 여러분에게도 신세를 졌다. 쿄토대학 인문연구소의 연구회(우에노 나리토시上野成利 반장)와 복수문화연구회 여러분, 감사합니다.

그리고 외우(畏友)라는 말 밖에 다른 호칭이 생각나지 않는 내가 존경하여 마지않는 사키야마 마사키崎山正毅 씨로부터 이전 그가 고교 때 존경하는 사람이 맑스와 다윈이었다는 것을 들은 적이 있다. 이제야 겨우 다윈의 위대함을 느끼기 시작하고 있는 나로서는 새삼 사키야마 마사키崎山正毅의 굉장함을 느껴가고 있다(정말로).

편집담당인 사카모토 마사노리坂本政謙 씨에게는 몇 번이나 〈최종 마감일〉을 무시하여 진정으로 미안한 일을 하였다. 사카모토 씨의 윽박이랄 수도 비명이랄 수도 없는 재촉의 전화가 없었으면 본서가 존재하지 않았다는 것은 확실하다. 대단히 죄송했습니다.

그리고 본문 주에서 인용한 번역서의 역자 분들에게도 감사하고 싶다. 문맥에 곁들여 일부 개편한 곳이 있는데 용서를 바란다. 마지막으로 내가 지렁이에 동화되어 있을 때 언제나 〈그런데 오늘밤 식사는 뭐지?〉하며 물어 현실로 되돌아오게 해준 오카 마리岡真理에게 감사하고 싶다.

또 기본문헌 안내의 확대판을 인터넷상에서 공개하려고 지금 HTML에 대하여 공부하고 있는 중인데, 어쨌든 애용하는 컴퓨터가 WindowsCE의 모바일(본서는 전부 이것으로 입력했다)이므로 도대체 언제 홈페이지가 만들어질지……

(2000년 9월 하순에 홈페이지를 개설했습니다. URL=http://www.alpha.net.ne.jp/users2/omth2/ 금후 홈페이지 상에서 삶-정치나 섹슈얼리티에 대한 보족을 해갈 예정입니다. -2001년 1월 추기追記)

역자후기(譯者後記)

이 책에 따르면 인간이 산다는 것은 단지 생존을 위한 생물학적인 차원[생물로서의 삶, 내재적인 삶]이 있는가 하면, 그것을 초월한 삶의 방식으로서의 삶이 있고, 일work의 소산인 작품을 통하여 시간성을 초월한 확장된 삶도 가능하다.

생물학적인 개체는 〈자기self〉이며 자기 스스로를 살고, 양육하는 자기도취적인 것이다. 한나 아렌트에 의하면 〈자기〉란 누군가를 타인에게 묻지 않더라도 스스로를 규정할 수 있는 〈뭔가what성〉을 갖는다.

그런데 인간인 이상 혼자서 삶을 영위한다는 것은 불가능하므로 자기의 외부로 나올 수밖에 없다. 이것이 〈자아(나) I, me〉이다. (그리고 또 다른 자아는 〈당신〉이다.) 〈자아〉란 타자의 반응이 없이는 알지 못하는 〈나〉이다. 내가 〈누구〉냐고 하는 문제제기가 〈타자〉가 있음으로 해서 가능해진다.[누구who성] 그런데 이 〈타자〉는 동일한 자극에 대한 동일한 반응만을 할 수 있는 존재가 아니라는 차원에서 복수複數적이다. 이 복수성을 바탕으로 한 것이 〈정치〉이고, 〈사회〉이며 〈공동체〉이며 〈인류〉이다.

현대는 공공 영역에서 자신의 〈보다 나은 삶〉을 추구하고 〈삶의 방식〉으로서의 삶을 정치적인 삶을 살고 있다고 하여도 인간의 삶은 여전히 취약하며, 그 취약함에 노출되어 있는 여러 유혹과 명령의 목소리가 깃들어 있다. 따라서 우리가 살아간다는 것은 유혹하는 소리 속에서 살아남는다는 의미가 된다.

유혹과 명령의 소리 속에 자리하는 것은 〈욕망〉이다. 욕망이란 〈다른 인간이 나에게 제공하여 주는 것으로는 만족되지 않는 무엇〉인데, 이 책에서는 이러한 〈욕망〉의 여러 얼굴을 〈섹슈얼리티〉(성활동, 현상, 성본능)와 〈젠더〉라는 관점에서 포착하려 하였다.

그런데 섹슈얼리티와 젠더는 엄밀한 의미에서 차이가 있다. 캐서린 맥키넌에게 있어 젠더[푸코의 〈젠더〉도 남자와 여자의 구별을 생물학적인 관점에서 찾지 않고, 역사적, 사회적, 문화적으로 형성되어 온 남성/여성의 차이 방식을 나타내는 말이다. 푸코의 표현에 따르면 〈혼인의 장치[결혼의 시스템이며 친족관계의 고정과 전개 그리고 이름과 재산의 계승에 대한 시스템]〉이며, 게일 루빈에 따르면 신체라는 자연적 여건을 사회관계 속에 편입시키는 노동이다.]는 생물학적인 성에 의해서가 아니라 섹슈얼리티에 의해 규정된다. 이 경우 〈섹슈얼리티〉는 푸코처럼 역사적으로 형성되어 온, 인간이 자신의 행동양식이나 욕망을 해석하기 위한 해석학적인 일련의 코드는 아니다. 맥키넌에게 있어 섹슈얼리티란 욕망이며 쾌락인데, 더 범위를 좁히자면 지배에서 쾌락을 이끌어내는 것, 표상의 주체적인 위치를 독점하는 것, 즉 사디즘을 의미한다. 그러니까 남성에 의한 지배구조는 사회의 곳곳에 스며들어 가부장제[남녀 간의 불평등을 재생산하는 근본, 젠더의 본질을 규정하는 것], 객관성 · 보편성[위장된 남성의 시점], 포르노그라피[여성을 대상으로 하여 표상하므로 여성의 인권침해라 볼 수 있다] 등의 형태로 존재한다. 표상하는 주체는 표상을 구축하는 권력을 가지며, 표상될 뿐인 객체는 표상될 뿐인 객체는 그 표상에 맞추어 자기 자신을 만들 뿐이다. 웬디 브라운에 이르면 젠더는 섹슈얼리티에 의해서만 규정되지는 않고 사회적인 총체적 재생산 체제 안에서의 여성의 지위에 대한 물음도 내포한다.

결국 그러니까 섹슈얼리티와 젠더는 삶의 내면으로 파고든 권력에 대한 장치의 이름이다. 그것이 장치의 이름이라면 〈누군가〉를 통솔하고, 주도권을 쥐며, 포지션으로 사람을 불러들여 남녀든, 성적 욕망의 선에 따라 신체(몸)들을 배분하여 가겠지만, 저자는 젠더/섹슈얼리티 그 자체를 장치라고 하기는 어렵고 장치에 귀속된 개인에게 수반되는 스타일, 혹은 〈평가적 액센트〉로 보고 있다.

또한 기관적 삶의 전제인 〈신체(몸)〉라고 하는 가시적인 물체를 비가시적인 언설로 잡아낸 비기관적인 신체를 상정한 정신분석의 업적도 섹슈얼리티와 젠더의 논의에서는 빼놓을 수 없다. 정신분석은 비기관적인 신체[무의식] 혹은 삶의 비기관적인 전개의 존재에 고유의 실재성을 이론화하는 것이었다.[섹슈얼리티란 비기관적인 삶을 대상으로 한다.] 이는 보이는 것[가시성, '명령하는' 몸짓과 '유혹하는' 몸짓이 만나는 무대] 자유연상법으로 가시성 속에 내재하는 (극장적인) 장치를 거부하고, 명령하는 것과 유혹하는 것을 언설 상에서 만나게 하는 것이었다. 장치는 항상 가시적인 신체 이외의 무엇과 관계되어 있고 이는 언설에 의해서 표현될 수밖에 없다. [예: 가시적인 물체→금, 은 등, 언설로 표현되어야 하는 장치→화폐, 상품 등] 그러니까 정신분석의 근본에는 언어가 존재하는데, 언설은 언어가 사용되는 한에 있어서 장치의 존재를 표현한다.

그런데 정신분석적인 언설 혹은 이야기는 '이론'적이며, 이론이란 받아들이는 것, 보여지는 것에서 시작되므로 본질적으로 수동적이며 마조히즘적이라 할 수 있는데 이것이 이야기를 통하여 자신의 수동성을 능동성으로 전환하기 위한 행위라 할 수 있다. [받아들이는 것은 마조히즘이며 반응하는 것은 사디즘이다. 그러니까 마조히즘 쪽에는 보여지는 것, 수동성, 객체성(대상성), 여성성이 사디즘 쪽에는 보는 것, 능동성, 주체성, 남성성이 할당되는 것이다.(프로이트, 로라 말뷔의 논의)] 그런데 마조히즘적인 것은 '이야기'를 통하여 사디즘[작용자와의 동일화를 통해 쾌락을 이끌어내는 것은 사디즘이라 할 수 있다]으로 전환된다.

우리가 살아남아야 하는 세계는 자신의 삶이 인간 즉 인류라는 공동체(사회, 정치)의 일원으로서의 삶이 영위되는 곳이다. 섹슈얼리티나 젠더라는 개념규정은 한 개인으로서의 삶이나 목숨유지보다도 공동체라는 차원에서의 것이다. 그런데 문제는 이러한 개념규정을 개인에게 들이대는(유혹하고 명령하는) 것이 문제이며, 이 유혹과 명령 자체가 개인 존재의 자유를 억압하고 빼앗을 수 있다는 것이다. 마조-사드-마조, 유혹과 명령의 커다란 굴레가 이 공동체라는 이름을 걸고 개인을 지배하는 것이다. 그러므로 우리는 이러한 사실을 자각하고 각 개인의 자유와 욕망을 인정하며 유혹과 명령의 영향력을 변화시켜야 할 것이다.

끝으로 이책에서는 '성sex'과 '섹스sex'라는 용어를 번역함에 있어 '섹스sex'란 용어는 '성행위'나 '단세포 생물의 유전자 교체'에만 한정하였다.

색인(索引)

1. 인명색인

2. 용어색인